文章検
文章読解・作成能力検定

文章検 準2級 対応

基礎から学べる！

文章力ステップ

漢検 公益財団法人 日本漢字能力検定協会

本書の特長と使い方

▼本書の特長

次のうち、あてはまるものに○をつけてください。

□国語の成績をよくしたい。
□創造力のある人になりたい。
□人の気持ちがわかる人間になりたい。
□文章を楽に書けるようになりたい。
□文章検を受ける予定がある、または、受けるかどうか迷っている。

○が一つもなかった人には、本書は必要ありません。しかし、一つでも○があった人には、本書が大いに役立ちます。

なぜなら、本書で取り上げる文章トレーニングは、右に挙げた事柄と密接に関係しているからです。

本書では、文章を書く行動をいくつかの要素に分解し、それぞれの要素の能力をアップさせる練習をするようになっています。文章を書くことには、情報を読み取る、書く内容を作り上げる、文章構成を考える、表現を選ぶ、表記する、推敲《すいこう》する、といった多くの作業が含まれています。本書は、これらの要素ごとに練習して、結果的に文章能力全体をアップさせようという考えに立っています。

これらの要素のうち、例えば「情報を読み取る」ことは、国語の読解と通じます。「書く内容を作り上げる」練習をすれば、創造力がきたえられます。「文章構成を考える」「表現を選ぶ」ときには、読み手の気持ちを考える必要がありますから、それらのトレーニングによって、他人への思いやりが豊かになります。

本書は、文章検を受けるために必要なことを、ステップに分けて練習するものです。しかし、それだけでなく、他人の気持ちを考えて、自分の述べたいことを的確に伝える力をアップさせることができるのです。しかも、それを自学自習で行えるのが本書の大きな特長です。

▼学習の進め方

1 「学習の手引き」を読む

そのステップで学ぶポイントを示しています。注意すべきことを把握してください。

また、ちょっとした知識や遊びのコラムもあります。

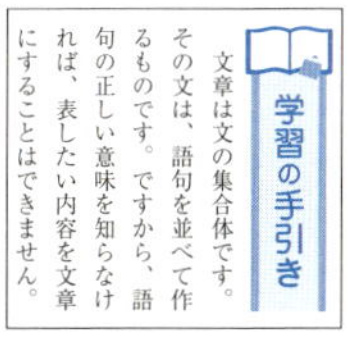
学習の手引き
文章は文の集合体です。その文は、語句を並べて作るものです。ですから、語句の正しい意味を知らなければ、表したい内容を文章にすることはできません。

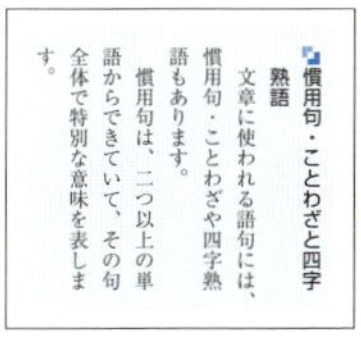
慣用句・ことわざと四字熟語
文章に使われる語句には、慣用句・ことわざや四字熟語もあります。
慣用句は、二つ以上の単語からできていて、その句全体で特別な意味を表します。

2 問題を解く

問題に取り組みましょう。問題は、解いていく順序が大切な場合があります。あわてずに、一つずつ攻略していきましょう。

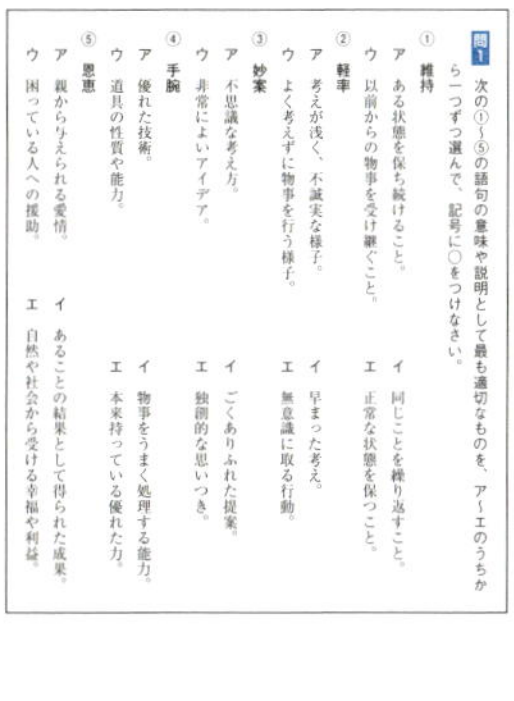
問1 次の①〜⑤の語句の意味や説明として最も適切なものを、ア〜エのうちから一つずつ選んで、記号に○をつけなさい。

① 維持
ア ある状態を保ち続けること。　イ 同じことを繰り返すこと。
ウ 以前からの物事を受け継ぐこと。　エ 正常な状態を保つこと。

② 軽率
ア 考えが浅く、不誠実な様子。　イ 早まった考え。
ウ よく考えずに物事を行う様子。　エ 無意識に取る行動。

③ 妙案
ア 不思議な考え方。　イ ごくありふれた提案。
ウ 非常によいアイデア。　エ 独創的な思いつき。

④ 手腕
ア 優れた技術。　イ 物事をうまく処理する能力。
ウ 道具の性質や能力。　エ 本来持っている優れた力。

⑤ 恩恵
ア 親から与えられる愛情。　イ あることの結果として得られた成果。
ウ 困っている人への援助。　エ 自然や社会から受ける幸福や利益。

3 わからなかったら「考えるヒント」を読む

わからない問題が出てきたら、ここを読んで、もう一度チャレンジしてみましょう。

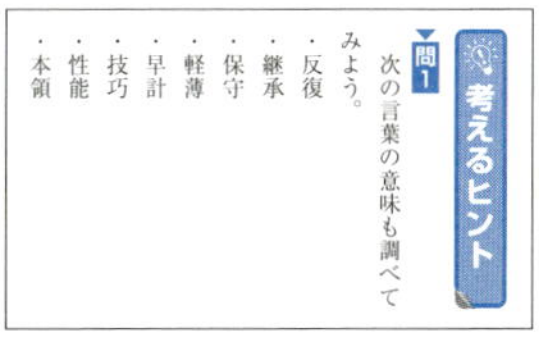
考えるヒント
問1 次の言葉の意味も調べてみよう。
・反復
・継承
・保守
・軽薄
・早計
・技巧
・性能
・本領

4 別冊「解答・解説」で答え合わせをする

ステップごとに答え合わせをしてください。答えが正しかったときも、解説を読んでください。間違ったときは、解説を読んでからもう一度問題を読み直してみてください。

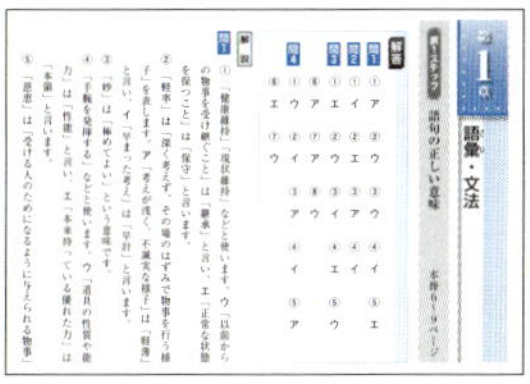

目次

第4章　手紙文

第5章　論説文

第1章

語彙《ごい》・文法

第1ステップ　語句の正しい意味

学習の手引き

文章は文の集合体です。その文は、語句を並べて作るものです。ですから、語句の正しい意味を知らなければ、表したい内容を文章にすることはできません。

ここでは、語句の意味が正しく理解できているかをチェックします。語句の意味について、漠然とイメージを描くだけでなく、はっきりと別の言葉で説明できるかどうかを確認してください。似た意味の語句や関係する語句についても調べてみましょう。

問1　次の①～⑤の語句の意味や説明として最も適切なものを、ア～エのうちから一つずつ選んで、記号に○をつけなさい。

① **維持**
ア　ある状態を保ち続けること。
イ　同じことを繰り返すこと。
ウ　以前からの物事を受け継ぐこと。
エ　正常な状態を保つこと。

② **軽率**
ア　考えが浅く、不誠実な様子。
イ　早まった考え。
ウ　よく考えずに物事を行う様子。
エ　無意識に取る行動。

③ **妙案**
ア　不思議な考え方。
イ　ごくありふれた提案。
ウ　非常によいアイデア。
エ　独創的な思いつき。

④ **手腕**
ア　優れた技術。
イ　物事をうまく処理する能力。
ウ　道具の性質や能力。
エ　本来持っている優れた力。

⑤ **恩恵**
ア　親から与えられる愛情。
イ　あることの結果として得られた成果。
ウ　困っている人への援助。
エ　自然や社会から受ける幸福や利益。

考えるヒント

問1　次の言葉の意味も調べてみよう。

・反復
・継承
・保守
・軽薄
・早計
・技巧
・性能
・本領

慣用句・ことわざと四字熟語

文章に使われる語句には、慣用句・ことわざや四字熟語もあります。

慣用句は、二つ以上の単語からできていて、その句全体で特別な意味を表します。

ことわざは、昔から言い伝えられてきた決まり文句で、その多くは教訓や風刺を含んだものとなっています。

四字熟語とは漢字四文字からなる熟語のことです。故事や仏典にちなむものが多く、たった四文字という少ない文字数ながら、複雑な意味を表すことができます。

慣用句・ことわざや四字熟語を使いこなせるようになると、文章での表現力が増します。

問2 次の①～④の慣用句・ことわざや四字熟語の意味や説明として最も適切なものを、ア～エのうちから一つずつ選んで、記号に○をつけなさい。

① **足が早い**

ア 物事にすばやく対処できること。
イ 食べ物などが腐りやすいこと。
ウ 特に目的を決めず、気の向くままに歩くこと。
エ 興奮や緊張で浮ついて、落ち着かないこと。

② **言わぬが花**

ア 何の根拠もないでたらめである。
イ でしゃばらずに控え目な態度でいると、よいことがある。
ウ 知ったかぶりをしてはいけない。
エ 口に出さないほうが、かえってよいことがある。

③ **人跡未踏**

ア まだだれも訪れたことがない。
イ 人の手が入らず、自然が多く残されている。
ウ 世間から離れて孤立している。
エ 人里離れており、寂しい雰囲気がある。

④ **浅学非才**

ア 非凡で優れた知識があること。
イ 知識がなく、才能に乏しいこと。
ウ 取るに足りない大勢の人々。
エ 広くさまざまな物事に通じている。

問2

①・② 次の慣用句・ことわざについても調べてみよう。

- 足が向く
- 足が地に着かない
- 足が出る
- 足に任せる
- 足を洗う
- 知らぬが仏
- 沈黙は金、雄弁は銀

③・④ 次の四字熟語の意味も調べてみよう。

- 前人未到
- 博学多才
- 有象無象

意味から語句を見つける

文章を書くという作業は、自分が思い描いている映像や考えを、言葉に変えて表すことです。このときには、書きたい内容に合った語句を選ぶ力が必要になります。

例えば、「動物が人間に警戒心を持たなくなり、親しく接するようになる」ことを表したいときには「懐く」や「なれる」と言うのが適切です。似た語句であっても、ここで「なじむ」「なれあう」「なれ親しむ」などと言うと、表したい内容とは違う意味になってしまいます。

表したい意味にぴったり合う語句を見つける練習をしてください。

問3 次の①〜⑧の意味を表す語句として最も適切なものを、ア〜エのうちから一つずつ選んで、記号に○をつけなさい。

① **似ているものをもとにして、新しい事柄を推測すること。**
ア 推理　イ 憶測　ウ 拝察　エ 類推

② **相手の欠点や責任などを、どこまでも問いつめること。**
ア 追求　イ 非難　ウ 追及　エ 批判

③ **どっしりと、落ち着いている感じがすること。人に対しても物に対しても使われる。**
ア 荘重　イ 重厚　ウ 厳格　エ 荘厳

④ **仕事や勉強以外の、自由に使える時間。**
ア 余剰　イ 余日　ウ 余分　エ 余暇

⑤ **自分の力を過信して、おごり高ぶること。**
ア 自負　イ 厚顔　ウ 慢心　エ 油断

⑥ **刃物などが、とがっていてよく切れる様子。**
ア 鋭利　イ 先鋭　ウ 鋭敏　エ 精鋭

⑦ **やむを得ないこととして、黙って受け入れること。**
ア 甘受　イ 快諾　ウ 了承　エ 受容

⑧ **見習うべき立派な手本。**
ア 前例　イ ひな型　ウ 模範　エ 例題

考えるヒント

問3

① 「似たものをもとにする」という意味を含むものは？

② 「欠点や責任」を明らかにしようとして、相手に問うときに使う。

③ 「人」「物」の両方に対して使われるものは？

④ 「時間」がポイント。

⑤ 「自慢する気持ち」のことも表す。

⑥ 「刃物」について述べるときに使うのは？

⑦ 「嫌なことでも文句を言わずに」受け入れるときに使われる語。

⑧ 「立派な手本」「優れた手本」という意味を含んだものは？

「手」を使った慣用句のいろいろ

慣用句には、「手」や「足」、「目」「頭」など、体に関係する語を使ったものが多くあります。ここでは、「手」を使った慣用句の一部を紹介します。辞書を引くなどして、それぞれの意味を確認してください。また、その他の慣用句も調べてみましょう。

・手が空く　・手が届く
・手に渡る　・手に乗る
・手を出す　・手を結ぶ
・手が込む　・手を組む
・手がつけられない
・手を替え品を替え
・手塩にかける
・手に汗握る
・手も足も出ない
・手取り足取り

問4 次の①〜⑦の意味を表す語句、あるいは説明に合う語句として最も適切なものを、ア〜エのうちから一つずつ選んで、記号に○をつけなさい。

① **経験を積んで、動作や態度が職業や地位などにふさわしいものとなる。**
ア　堂に入る　　イ　顔が立つ
ウ　板につく　　エ　腹が据わる

② **仕事などで関係する範囲を大きくする。**
ア　手をかける　　イ　手を広げる
ウ　手を握る　　エ　手を尽くす

③ **あることをよく知っている人に、そのことについて教える愚かさのたとえ。**
ア　釈迦《しゃか》に説法　　イ　青菜に塩
ウ　馬の耳に念仏　　エ　猫に小判

④ **ものも言わず、深く考えにふけること。**
ア　思慮分別　　イ　沈思黙考
ウ　深謀遠慮　　エ　一知半解

⑤ **物事は常に移り変わるはかないものだということ。**
ア　有為転変　　イ　波乱万丈
ウ　色即是空　　エ　急転直下

⑥ **物事の方針や考え方が最初から最後まで変わらず、筋が通っていること。**
ア　徹頭徹尾　　イ　旧態依然
ウ　頑固一徹　　エ　首尾一貫

⑦ **目的を達成するのに、今後多くの障害が予想されること。**
ア　難攻不落　　イ　難行苦行
ウ　前途多難　　エ　無理難題

▼問4

① 「役者が経験を積んで、舞台上で不慣れな感じがなくなること」から、この意味に。

② 「大きくする」というイメージを表すのは？

③ 「あることをよく知っている人」のたとえとしてふさわしいのは？

④ 「ものも言わず」とは「沈黙して」ということ。

⑤ 「移り変わり」の意味を持つものは？

⑥ 「変わらない」ことに対して、よい評価を与える語。

⑦ 将来のことを予想しているのは？

語句の正しい用法

学習の手引き

似た意味の語句でも、文脈によって使えるものと使えないものがあります。次の例を見てください。

① 机に荷物を〔のせる〕。
② トラックの荷台にたくさんの荷物を〔のせる／積載する〕。
③ 雑誌に記事を〔のせる／掲載する〕。

「のせる」という語は、①～③すべての文脈で使えますが、②の「積載する」、③の「掲載する」は、他の文脈では使えません。

こうした語句の使い分けを知ることも、文章を書く上で必要となる力です。

問1 次の①～⑮の文の（　）に入れるのに最も適切なものを、ア～エのうちから一つずつ選んで、記号に○をつけなさい。

① **喉《のど》が痛く、鼻水が出るなど、風邪の（　）が見られる。**
ア 気配　イ 徴候　ウ 暗示　エ 合図

② **通信販売で果物を買ったら、送料の全額を店が（　）してくれた。**
ア 負荷　イ 重荷　ウ 負担　エ 分担

③ **事件の重要な容疑者が、海外に（　）したそうだ。**
ア 逃避　イ 逃亡　ウ 敗走　エ 脱走

④ **あの大学は、優れた政治家を多く（　）している。**
ア 供給　イ 産出　ウ 提供　エ 輩出

⑤ **この問題集は、教科書に（　）して作られている。**
ア 準拠　イ 遵守　ウ 先例　エ 慣行

⑥ **おじは、自宅を会社の事務所としても（　）している。**
ア 併用　イ 共用　ウ 混用　エ 兼用

⑦ **このイベントを成功させるために、（　）を尽くしたいと思います。**
ア 余力　イ 微力　ウ 威力　エ 独力

⑧ **彼はパーティーで、洗練された（　）な振る舞いを見せた。**
ア スリム　イ ストレート
ウ スマート　エ ストイック

考えるヒント

問1

① 「風邪」だと推測させる手がかり。
② 「になう」「引き受ける」という意味。
③ 「容疑者」が「逃げて身を隠す」ことを表すのは？
④ 「人」を世に送り出す場合に使われる語は？
⑤ 「すでにあるものをよりどころにして、それに従う」ことを表すのは？
⑥ 「自宅」という一つのものを「住居」と「事務所」という二つの用途で用いる場合。
⑦ 「自分の持つ力」を謙《けん》遜《そん》して言う言い方。
⑧ 「振る舞い」について言うのは？

語句の正しい形

ある文脈にぴったり合った語句を選べても、いざ使うときにその語句の形を間違えてしまっては意味がありません。

例えば、次の例ではどちらが正しい形でしょうか。

① 熱に浮かされる
② 熱にうなされる

① 間が持てない
② 間が持たない

① 延々と続く道のり
② 永遠と続く道のり

正解は、いずれも①で、②が間違った形です。

似た語や言い回しがあって紛らわしい語句は特に間違いやすいため、注意が必要です。

⑨ 落ち着いた部屋の雰囲気に（　　）するインテリアを探している。

ア　フィット　イ　マッチ
ウ　コミット　エ　コントラスト

⑩ 同窓会で二十年ぶりに友人たちと会い、旧交を（　　）のが楽しみだ。

ア　温める　イ　交わす
ウ　育む　エ　つなぐ

⑪ 子どものころから子役として活躍してきた彼女は、今や（　　）大女優だ。

ア　押しても押されぬ　イ　押しも押されもせぬ
ウ　押したり押されたりする　エ　押しに押しもする

⑫ この数学の問題は、先生でも無理だと言って（　　）ほどの難問だ。

ア　幕を引く　イ　腹をくくる
ウ　けむに巻く　エ　さじを投げる

⑬ 友人の事業が失敗しそうだが、手伝うと約束したからには（　　）だから、最後まで友人に付き合おう。

ア　乗りかかった船　イ　渡りに船
ウ　三度目の正直　エ　石の上にも三年

⑭ 私が選挙に出馬するというのは、（　　）のうわさ話だ。

ア　事実無根　イ　空理空論
ウ　無味乾燥　エ　真実一路

⑮ どんな苦境に立たされても、この映画の主人公なら（　　）な笑みを浮かべて、困難に立ち向かっていくことだろう。

ア　少壮気鋭　イ　威風堂々
ウ　笑止千万　エ　大胆不敵

⑨ 「調和していて、釣り合いが取れる」という意味。

⑩ 「旧交」とは、「昔からの付き合い」のこと。

⑪ 「実力があり、どこに出ても圧倒されることがない」という意味の、決まった言い方。

⑫ 「あきらめる」という意味。

⑬ 手伝うと約束した以上は、途中でやめるわけにはいかない。

⑭ 慣用句で言うと「根も葉もない」。

⑮ 「恐れを知らない」ことを意味するのは？

用法の正しさ

語句を用いるとき、語句の意味を正しく知っていることや、その文脈に合った語句を選ぶことが必要です。さらに、その語句を正しい用法で用いることも大切になります。

例えば、「試験があるたび、上がったり下がったりする成績に一喜一憂となる。」という文では、「一喜一憂」という語句を、正しい意味で使っています。しかし、「一喜一憂となる」という言い方が誤っているため、正しい文とはなりません。ここは「一喜一憂する」とすべきです。

その語句の意味だけでなく、正しい使い方を覚えてください。

問2 次の①～③の語句を使った例文として最も適切なものを、ア～エのうちから一つずつ選んで、記号に○をつけなさい。

① **浸透**

ア 三年前から始まった「もみじ祭り」は、市民の間にすっかり浸透している。

イ このところ、電車のシートが何者かによって切り裂かれるという事件が、浸透しているそうだ。

ウ 全国から集められた救援物資が、被災地の人すべてに浸透した。

エ 子どものためを思ってしかる親の気持ちは、しかられた子どもにもいつか必ず浸透するだろう。

② **脈絡**

ア このレポートは、脈絡がはっきりしていて、大変わかりやすい。

イ よく似た顔をしているが、彼と彼女の間には、何の脈絡もないそうだ。

ウ 彼の話には脈絡がなく、結局何が言いたいのかよくわからなかった。

エ この映画の脈絡は、先日読んだ小説と全く同じに思えた。

③ **多忙**

ア 今日は久しぶりの休日なので、ゆったりとくつろぎながらテレビでも見て、多忙に過ごそうと考えている。

イ 晴れていたかと思えば雨が降ったり、突風が吹いたりと、山の天気は多忙に変わる。

ウ 高校生になってからというもの、私は勉強に部活動にと、毎日多忙している。

エ 次々に仕事が舞い込んで多忙を極め、この一か月はほとんど眠る時間もない。

考えるヒント

問2

① 「浸透」は、「徐々に広がっていくこと」。「何が」「どこに」広がるかを考えよう。

② 「脈絡」は、「物事の一貫したつながりや筋道」のこと。「血のつながり」について「脈絡」を使えるか？

③ 「多忙」は「仕事などが多く、非常に忙しいこと」。ゆったりと過ごす休日は「多忙」とは言えない。

四字熟語クイズ

四字熟語には、似た意味の語も多く存在します。次の①～③と類義の四字熟語は何でしょうか。

① 南船北馬
② 十人十色
③ 少壮気鋭

〔答え〕
① 東奔西走
② 千差万別
③ 新進気鋭

問3 次の①～③の四字熟語を使った例文として最も適切なものを、ア～エのうちから一つずつ選んで、記号に○をつけなさい。

① **後生大事**

ア　結婚式では、夫婦がお互いを慈しみ、後生大事にすることを誓った。
イ　祖母はものが捨てられない人で、お菓子などの空き箱でも、後生大事にしまい込んでいる。
ウ　息子は、バレンタインデーにもらったチョコレートを、後生大事がって食べずに取っている。
エ　後生大事というように、物事は、始める前よりも始めた後のほうが大切だ。

② **意気揚々**

ア　大差で試合に勝った野球部は、試合を終えて意気揚々と学校に帰ってきた。
イ　知人からハワイ旅行の土産をもらい、意気揚々とお礼を言った。
ウ　落ち込んだときは、意気揚々な音楽を聞いて、気持ちを切り替えている。
エ　よほど試験がうまくいったのか、友人は意気揚々した表情を見せた。

③ **一言半句**

ア　俳句は、十七文字という一言半句で、さまざまな感情を表現できる。
イ　先生の話を一言半句も聞きもらさないよう、集中して耳を傾けた。
ウ　ある政治家が語った一言半句は、その後の経済に大きな影響を与えた。
エ　試験に合格した今の気持ちを一言半句で表すと、「うれしい」だ。

▶問3

① 「後生大事」は「物事を大切にすること」。「人を大切にする」場合には使えるか？

② 「意気揚々」は「得意な様子」を表す語。お礼を言う様子や、音楽の種類に「意気揚々」は使えるか？

③ 「一言半句」は、「ごくわずかな言葉」のこと。俳句や政治家の語る言葉は「ごくわずか」か？

第3ステップ　文法的な正しさ

学習の手引き

文は語句を並べたものですが、その並べ方にはルール（＝文法）があります。

例えば、「私は昨日、青い花を買った。」という文では、原則として主語の「私は」は、述語の「買った」よりも前に位置し、修飾語の「青い」は、被修飾語の「花」よりも前に位置します。また、「青い」は名詞の「花」を修飾しているので、「青く」という連用形にしてはいけません。さらに、「昨日」という過去のことなので、述語の「買った」を現在形の「買う」とすることはできません。

こうしたルールを学んでください。

問1　次の①～⑦の説明に合っている例文として最も適切なものを、ア～エのうちから一つずつ選んで、記号に○をつけなさい。

① **主語（主部）と述語（述部）が整っていないもの**

ア　私が学生時代に力を入れたのは、ボランティア活動です。
イ　この小説は、私の友人が書いたものです。
ウ　父の毎朝の習慣は、コップ一杯の牛乳を飲むのを欠かさない。
エ　子どものころ、夜に一人で寝るのが怖かった。

② **修飾関係が正しくないもの**

ア　駅から学校までは、緩やかな坂道が延々と続いている。
イ　さまざまな原因が複雑な絡み合っており、問題の解決を難しくしている。
ウ　大切な試験や試合の前には、当然のように、母は豚カツを作ってくれる。
エ　この雨により、公園の桜が一斉に散ってしまう心配が出てきた。

③ **時制の表現が誤っているもの**

ア　もし明日雨が降るなら、野外コンサートは中止になっただろう。
イ　寝不足なので今日は早めに寝ようと、今朝、心に誓った。
ウ　機嫌が悪いときに触ってしまったせいか、飼い猫に引っかかれた。
エ　携帯電話がなかった時代、遅刻の連絡はどうやっていたのだろう。

考えるヒント

問1

① 次の主語（主部）に対する述語（述部）は？

ア　「力を入れたのは」
イ　「この小説は」
ウ　「習慣は」
エ　「寝るのが」

② 次の語句が修飾しているのは？

ア　「緩やかな」「延々と」
イ　「さまざまな」「複雑な」
ウ　「当然のように」
エ　「一斉に」

③ 時制の手がかりは、

ア　「明日」
イ　「今朝」
ウ　「触ってしまった」
エ　「携帯電話がなかった時代」

注意すべき文法事項

＊係り受けは正しいか。
（主語と述語、連用修飾語と用言、連体修飾語と体言の対応は整っているか。）
＊時制は正しいか。
＊副詞の呼応は正しいか。
＊接続関係は正しいか。
＊助詞の使い方は正しいか。
＊受け身や使役、「やりもらい」の表現は正しいか。

④ **副詞の呼応が誤っているもの**

ア　精巧に作られたミニチュアの城は、写真で見るとあたかも本物だった。
イ　こんなところに芸能人がいるとは、まさかだれも思うまい。
ウ　この本では、なぜ世界から貧困がなくならないかを論じている。
エ　絶対に強くしてやるという監督の言葉を少しも疑わずに練習を続けた。

⑤ **接続関係が誤っているもの**

ア　確かにカステラが好きだと言ったが、一度にたくさん食べられるとは言っていない。
イ　私はこの映画を見たことがないのに、結末がどうなるかを知らない。
ウ　彼は、学生でありながら起業もして、毎日忙しそうにしている。
エ　毎日あんなに頑張っていたのだから、難関校に合格したのは不思議なことではない。

⑥ **助詞の使い方が誤っているもの**

ア　留学経験があるので、日常会話レベルなら自由に英語を話せます。
イ　彼の言うことにも一理あると思い、詳しい話を聞くことにした。
ウ　私が飼っている文鳥は、エサが食べたいとき、手をつついて合図してくる。
エ　明日の早朝に日本から後にして、シンガポールに向かう予定だ。

⑦ **「やりもらい」の表現として誤っているもの**

ア　昨日は珍しく、姉が私の宿題を手伝ってくれた。
イ　久々にお会いした先生に、昨年発表した論文の完成度を褒めてくださった。
ウ　最近乾燥した日が続いているので、家の観葉植物にたっぷりと水をやった。
エ　お客様からいただいたご意見は、社内で共有して問題の改善に努めます。

---

④　呼応のパターン
ア　あたかも～のようだ
イ　まさか～ないだろう
ウ　なぜ～か
エ　少しも～ない

⑤　接続の部分に注意。
ア　「が」
イ　「のに」
ウ　「ながら」
エ　「だから」

⑥　「を」と「が」、「の」と「が」は、どちらでも使える場合があることに注意。

⑦　「やりもらい」の表現とは、「やる」「あげる」「もらう」「くれる」（敬語形式として「くださる」「いただく」なども含む）を用いた表現のこと。だれからだれ（何）に向けた行為かに注目。

「すごい」と「すごく」

① あの人の話はすごくおもしろい。
② あの人の話はすごいおもしろい。

「すごい」は「とても・大変・非常に」といった強調を意味する言葉です。「すごい」は形容詞で、①も②も「おもしろい」という形容詞（用言）を修飾しようとしています。①の「すごく」は連用形ですから正しい形です。それに対して、②の「すごい」は終止形や連体形ですから、用言を修飾するのは間違った形式になります。

近年、会話では「すごい食べる」「すごい楽しい」「すごい静かだ」のような、「すごい＋用言」をよく耳にします。しかし、書く場面では使わないように気をつけましょう。

問2 次の①〜⑧の文には誤りがあります。それはどのような誤りですか。最も適切なものを、ア〜エのうちから一つずつ選んで、記号に○をつけなさい。

① **ロシア語を学ぶようになったきっかけは、ロシア人留学生と知り合ったときだ。**
ア 「学ぶ」という動詞に、「ように」という助動詞をつなげているのが誤り。
イ 「きっかけは」という主語に、述語が対応していないことが誤り。
ウ 「知り合った」相手について、対象を表す格助詞を用いているのが誤り。
エ 「知り合った」という動詞に対して、主語がないのが誤り。

② **監督による強く厳しく忠告を受けて、まじめに練習するようになった。**
ア 主体を表す表現として「による」を用いているのが誤り。
イ 「忠告」という体言を修飾する語が連用形になっているのが誤り。
ウ 「忠告」を修飾する語を、二つ重ねて用いているのが誤り。
エ 「練習するようになった」の主語が欠けているのが誤り。

③ **彼と初めて会ったとき、緊張して何も話せないまま一時間も過ごす。**
ア 「会った」という述語に対して、主語がないのが誤り。
イ 「何も」「一時間も」と、「も」を重ねて使っているのが誤り。
ウ 過去のことに対して、「初めて」という副詞を用いているのが誤り。
エ 過去のことに対して、文末が現在形になっているのが誤り。

④ **正直なのはよいことだが、必ずしもそれがよい結果を生み出すことになる。**
ア 文の前半と後半をつなぐのに、逆接の接続助詞を用いているのが誤り。
イ 指示語の示す内容が文中に書かれていないのが誤り。
ウ 副詞に呼応する表現が誤り。
エ 主語と述語の対応が誤り。

考えるヒント

▼問2
①〜⑦は、問1の①〜⑦と対応している。わからないときは、問1を読み返して考えてみよう。

① 「きっかけは」という主語に対する述語は？

② 「厳しい」という語が、
・用言を修飾するとき
→「厳しく」（連用形）
・体言を修飾するとき
→「厳しい」（連体形）

③ 「彼と初めて会ったとき」というのは、過去のこと。

④ 「必ずしも」に呼応する表現は？

助詞の意味

次の例文は意味がどう違うでしょうか。

① 私は恋人と電話した。
② 私は恋人に電話した。

①では、恋人と会話ができています。しかし、②の場合、会話ができたかどうかはわかりません。

では、次はどうでしょう。

③ 彼は水泳部だ。
④ 彼も水泳部だ。
⑤ 彼こそ水泳部だ。

③に対し、④は、彼以外にも水泳部員がいるとわかります。⑤は、他の人は水泳部員ではなく、彼だけが水泳部だと示唆する表現です。

こうした意味の違いは、助詞の違いによって生まれます。助詞を正しく使い、意味の違いを的確に表しましょう。

---

⑤ **いたずらはやめろとしかったにもかかわらず、弟はいたずらをぴたりとやめてしまった。**

ア 「いたずら」という語が、一文の中で重複しているのが誤り。
イ 「しかった」と「やめて」で、動作の主体が異なっているのが誤り。
ウ 文の前半と後半をつなぐのに、逆接を表す語が使われているのが誤り。
エ 「やめ（て）」という動詞を修飾する語に、副詞を用いているのが誤り。

⑥ **水族館に、飼育員がペンギンにエサを与えている様子を見ることができた。**

ア 「水族館」に対して用いられている格助詞が誤り。
イ 「飼育員」に、動作の主体を表す格助詞を用いているのが誤り。
ウ 「与えている」が受け身の表現になっていないのが誤り。
エ 「見ることができた」が受ける語に、対象を表す格助詞を用いているのが誤り。

⑦ **バスで気分が悪くなったが、親切な人が席を譲ってもらったので助かった。**

ア 「気分が」「人が」と、主体を表す格助詞が二か所に使われているのが誤り。
イ 一文の中で、逆接の接続助詞と順接の接続助詞が両方使われているのが誤り。
ウ 「人」を修飾する語が連体形になっているのが誤り。
エ 「親切な人」の「やりもらい」の行為に対して、「譲ってもらった」という表現を用いているのが誤り。

⑧ **兄が漫画を買ってきたが、買った兄より先に、私に読まさせてくれた。**

ア 「兄が」という主語を受ける述語がないのが誤り。
イ 文の前半と後半をつなぐのに、逆接を表す語が使われているのが誤り。
ウ 「買ってきた」「買った」と、同じ意味の語が重複しているのが誤り。
エ 「読む」という動詞に、使役の助動詞「させる」を用いているのが誤り。

---

⑤ 「にもかかわらず」の後は、前に述べた事柄に相反する行為が述べられる。「しかった」に相反するのは「やめなかった」であるべき。

⑥ 「(水族館)において」という意味の場合、「に」は不適切。

⑦ 「私」が「親切な人」から受けたのは、「譲ってもらった」という行為。「親切な人」が「私」に与えたのは「譲ってあげた」という行為。

⑧ 使役の意味の助動詞には「せる」と「させる」がある。その違いは？

第1ステップ レーダーチャート

学習の手引き

レーダーチャートは、二つ以上の項目のデータを一つのグラフに表示するものです。例えば、国語、数学、社会、理科の5教科の成績を一つのグラフで示す場合に使われます。全体の傾向をつかむのに便利なものです。

円の中心から放射状に伸びた複数の線上に、項目ごとの値に点を打ち、その点を結びます。すると、閉じた図形ができます。一般に、その図形が広いほど好ましいことになります。

◆次は、ランチメニューを評価した調査について書かれた文章です。これを読んで、後の問い（問1～問3）に答えなさい。

図　ランチ評価の比較

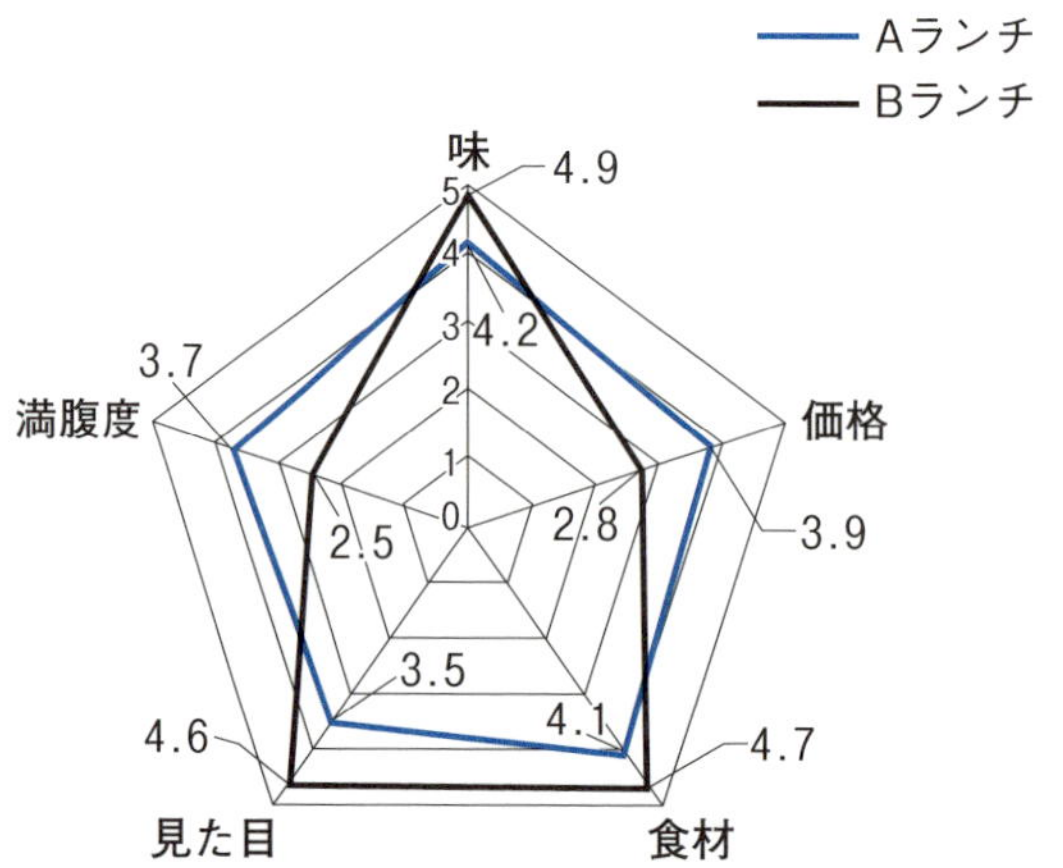

学校食堂の担当者から新しいランチメニューの提案があった。その際、ランチを実際に提供する前に生徒の反応を知って、できる点は改善したいということであった。

そこで、生徒の代表10人が試食して、「味」「価格」「食材」「見た目」「満腹度」という5項目について、それぞれ5段階評価を行った。評価法は、「普通」を3点とし、「最高」は5点、「最悪」は1点を与えることにした。その結果を整理したものが上の図である。10人の評価の平均値によって示している。

Aランチのほうは正五角形に近い。これは［　①　］ことを示している。一方、Bランチは、Aランチに比べて、「味」、「食材」、「見た目」では高い値だが、それ以外では劣っている。項目による差が大きいということである。

この結果から、AランチとBランチそれぞれに特徴があることがわかった。例えば、Bランチは「味」、「食材」、「見た目」はとてもいいが、短所として、［　②　］ということが認められる。この点については改善が望まれるだろう。

考えるヒント

▼問1
レーダーチャートの結果の見方にかかわる問題。

▼問2
グラフと文脈とを見比べて考えよう。

▼問3
最後の段落は、その前の段落の記述を踏まえて述べていることに注意。

問1 文中の空欄①に入る内容として最も適切なものを、ア〜エのうちから一つ選んで、記号に○をつけなさい。

ア　Bランチよりも優れている
イ　すべての項目で、試食した10人がほぼ同じ評価をした
ウ　どの項目も似た評価で、バランスが取れている
エ　すべての項目が満足すべきものである

問2 文中の空欄②に入る内容として最も適切なものを、ア〜エのうちから一つ選んで、記号に○をつけなさい。

ア　「味」についての評価がほぼ満点に近く、改善の余地がない
イ　「価格」が高すぎて、味をゆっくり味わうゆとりがない
ウ　Aランチとの差が最も大きい項目が、評価の最も低い「満腹度」である
エ　「価格」と「満腹度」が3点未満で「普通」レベルに少し及ばない

問3 最後の段落で、筆者はBランチについてだけを述べています。もし、Aランチについても述べるとすれば、どのような内容が考えられますか。最も適切なものを、ア〜エのうちから一つ選んで、記号に○をつけなさい。

ア　すべての項目で「普通」以上の評価を得ているものの、飛びぬけていいという項目がない。
イ　多くの生徒は見た目にこだわるので、「味」がいい割に、「見た目」がよくない点が問題である。
ウ　学校食堂の担当者には、Aランチを採用することを勧めたいと思う。
エ　項目間のバランスがいいとはいうものの、完全な正五角形にはなっていない。その点に問題がある。

学習の手引き

帯グラフは円グラフに似ています。帯グラフは、項目それぞれが占めている割合を比較するのに便利です。

二本以上の帯グラフを一緒に示すと、二つ以上の円グラフを比較するのと同じ効果があります。しかも、円グラフを並べるよりコンパクトで見やすくなります。

ここで使われている図は一つですが、実際には、二つのグラフを合わせて表示しているのと同じ意味を持っています。上の二つと下の二つをそれぞれ比較して考えてください。

◆次は、X市が市内の中学、高校に通う生徒、約七〇〇人ずつ（男女ほぼ同数）の計約一四〇〇人に対して行ったアンケートの結果について書かれた文章です。これを読んで、後の問い（問1～問3）に答えなさい。

グラフ　旧来の性別役割意識に対する考え方

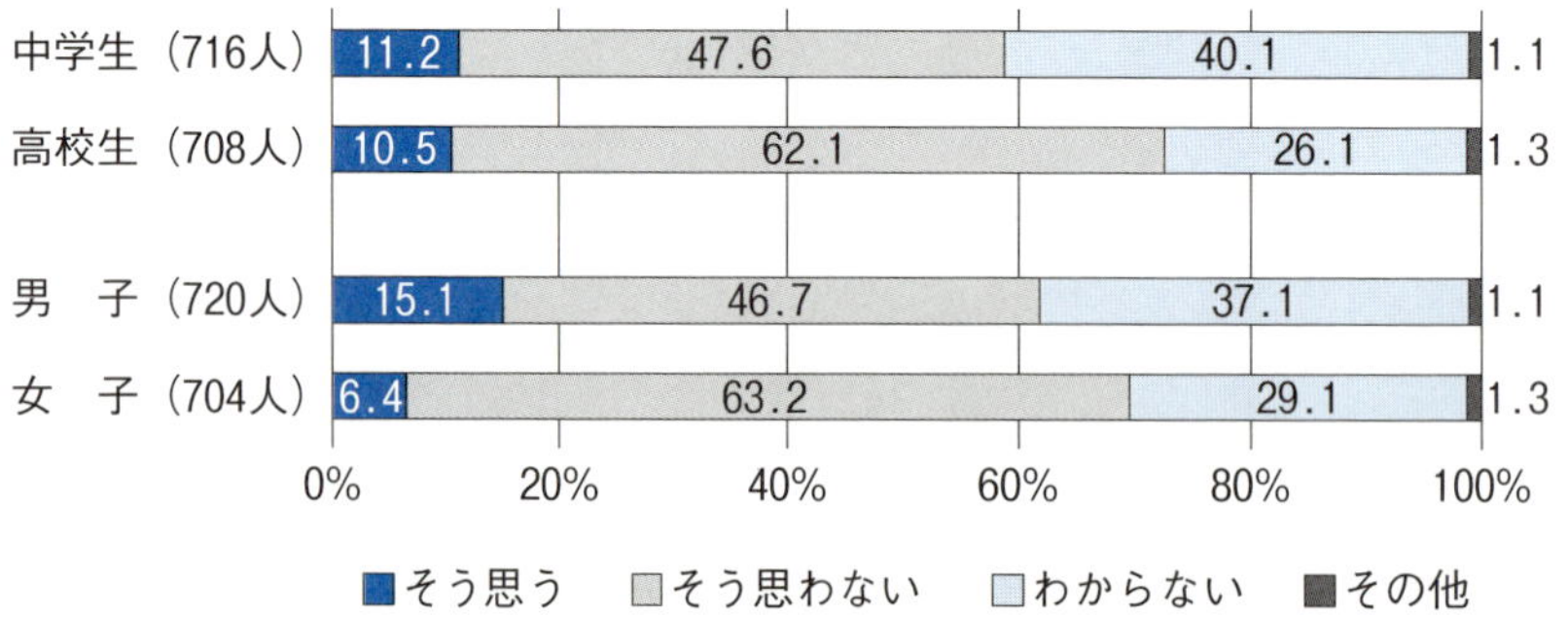

日本では、男性と女性の役割に関して、昔は「男は仕事、女は家庭」という考え方が強かった。しかし、近年は女性も社会進出して活躍することが期待され、男女が対等に働いて生きていく社会の実現が求められている。

そこで、X市では中高生に対して、男女の役割意識を調べるアンケート調査を行った。質問は「あなたは『男性は仕事、女性は家庭』という考え方についてどう思いますか」というもので、その回答（「そう思う」「そう思わない」「わからない」「その他」）の結果を示したものがグラフである。

これを見ると、「そう思わない」は、［　　　］である。高校生のほうが中学生よりも、旧来の考え方から脱している人が多いと見られる。[A]性別で比較しても中高生と類似の結果が認められる。つまり、女子のほうが男子より旧来の考え方を持たない人が多いと考えられる。

では、今の中学生が高校生になったとき、「そう思わない」人は今の五割未満のままか、それとも、今の高校生の値と同様の六割以上に増えるのだろうか。厳密には「わからない」が正解である。調査した中学生と高校生は別のグループであり、この中学生が三年後に高校生になったときに、意識が変化する保証はないからである。

しかし、同じ調査を、数年間繰り返し行って、いつも今回と同じような結果が認められるとなると[B]ある傾向を推測できるようになる。

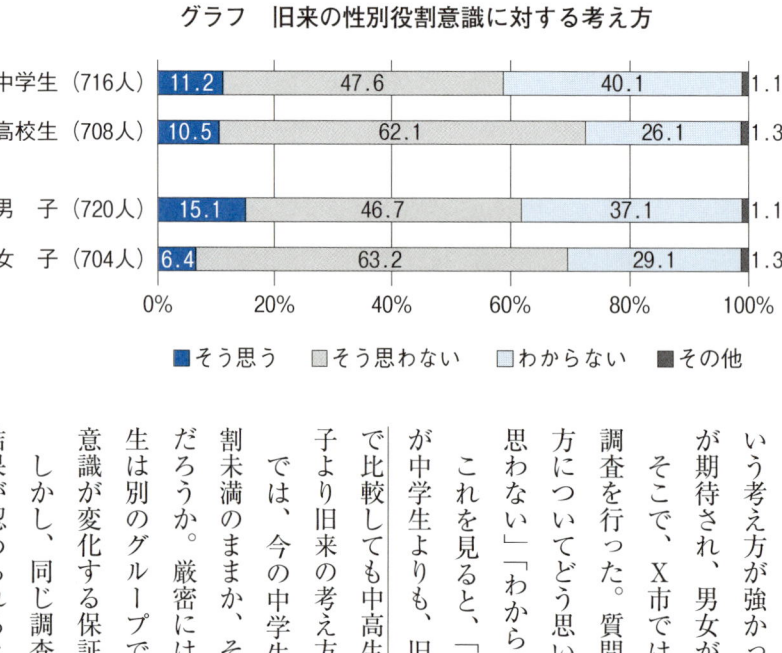

考えるヒント

問1
データの数値の読み取りにかかわる問題。空欄の後の内容と関連するので注意。

問2
傍線部の意味だけでなく、前後の文脈にも注意すること。

問3
文章全体から筆者の主張を読み取る問題。

問1 文中の空欄に入る内容として最も適切なものを、ア〜エのうちから一つ選んで、記号に○をつけなさい。

ア　女子は六割以上で、男子は五割未満
イ　高校生は六割以上で、中学生は五割未満
ウ　高校生も女子も六割以上
エ　中学生も男子も五割未満

問2 傍線部Aを説明したものとして最も適切なものを、ア〜エのうちから一つ選んで、記号に○をつけなさい。

ア　男子と女子の調査人数の比率と、中学生と高校生の調査人数の比率とが、ほぼ同じである。
イ　「そう思わない」と答えた女子と男子の比率が、高校生と中学生の比率と類似の関係にある。
ウ　「そう思う」と答えた女子と男子の比率が、高校生と中学生の比率と類似の関係にある。
エ　「わからない」と答えた女子と男子の比率の大小と、高校生と中学生の比率の大小が同じである。

問3 傍線部Bで筆者が述べている「推測できるようになる傾向」として最も適切なものを、ア〜エのうちから一つ選んで、記号に○をつけなさい。

ア　年ごとに「男性は仕事、女性は家庭」という考え方を否定する中学生の比率が六割に近づく。
イ　年ごとに「男性は仕事、女性は家庭」という考え方を否定する女子高校生の比率が増えていく。
ウ　中学生が高校生になると、「男性は仕事、女性は家庭」を否定する考え方の人が増える。また、その考え方をするようになる時期は、女子のほうが男子より早い。
エ　中学生が高校生になると、「男性は仕事、女性は家庭」を否定する考え方の人が増える。また、その考え方をする人は、男子は五割以下のまま変わらないが、女子のほうは年ごとに増える。

学習の手引き

散布図は、縦軸と横軸にそれぞれ別の観点からの量を取り、データがあてはまるところに点を打って(「プロットする」と言います)示します。縦軸と横軸の数値の間に関係があるかどうかを見るのに使います。

ここでは、文章の種類によって、漢字と平仮名の比率がどのように異なるのかを考えています。漢字の多い文章とはどのようなもので、少ない文章とはどのようなものか、想像してみてください。

◆次は、日本語の文章における漢字と平仮名の関係について書かれた文章です。これを読んで、後の問い(問1～問3)に答えなさい。

図　文章の種類による漢字と平仮名の関係

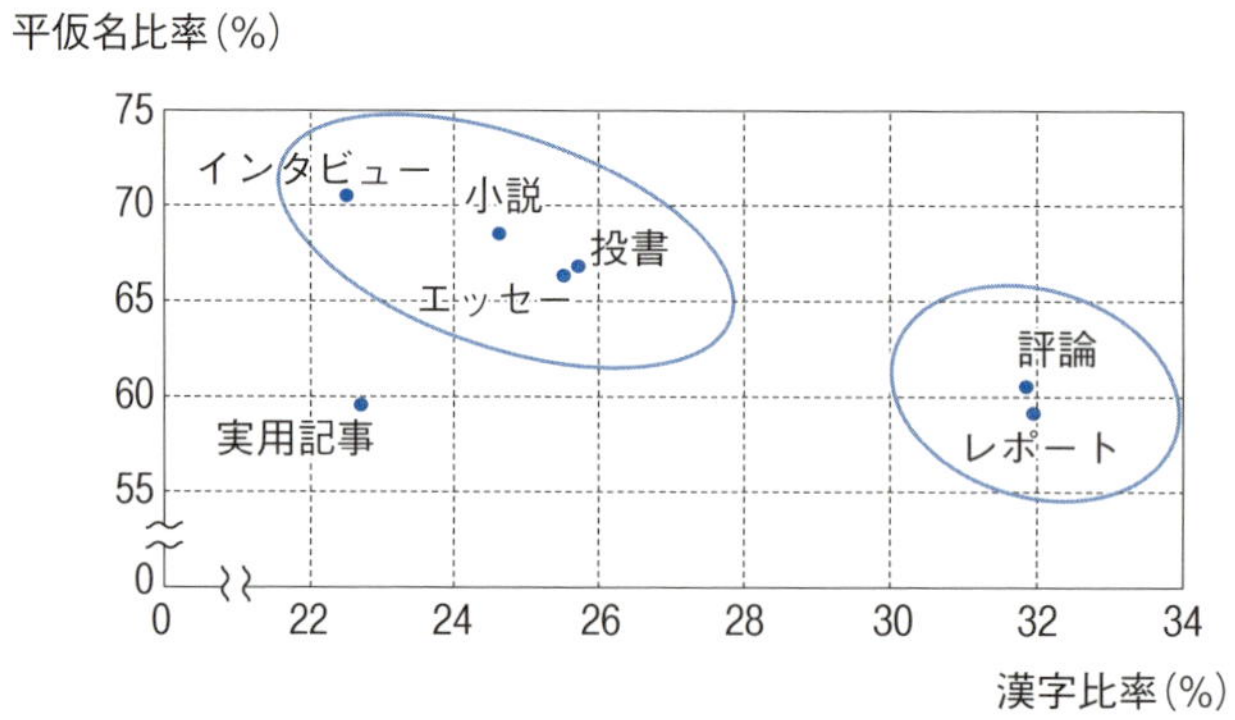

日本語の文章は、一般に、漢字と平仮名、そして片仮名を使って書かれる。この三者の割合は、文章の種類によって異なっているようだ。では、どのように違っているのだろうか。**【段落A】**

そこで、雑誌に掲載されている記事の中から、小説、評論、実用記事、レポート、インタビュー、エッセー、投書の七種類のものを、それぞれ十作品ずつ無作為に選び、それぞれの文章における漢字と平仮名の比率を調べた。調査に当たっては、各文章から千文字を無作為抽出して漢字と平仮名の数を数えた。**【段落B】**

その結果を示したものが上の図である。文章の種類ごとの漢字比率と平仮名比率を求めて、その値の位置をプロットしている。**【段落C】**

上の図を見ると、点の位置が近いものでグループを作ることができる。相対的に見て、漢字比率の高い評論、レポートのグループ、［　①　］インタビュー、小説、エッセー、投書のグループ、そして、漢字比率も平仮名比率も低い実用記事の三つに分けられる。さらに、評論とレポート、エッセーと投書は、それぞれ非常に似ていることもわかる。**【段落D】**

なお、普通、文章は漢字が多くなれば平仮名が少なくなり、漢字が少なくなれば平仮名が多くなる。このような関係があるので、グラフでも実用記事を除くと、［　②　］傾向が見てとれる。実用記事だけが少しずれているのは、漢字が少ない分、平仮名の代わりに片仮名が多く使われていたためである。**【段落E】**

考えるヒント

問1
データの読み取りにかかわる問題。文脈にも注意。

問2
段落Eでは、漢字と平仮名の関係について述べていることを踏まえて考えよう。

問3
各段落で何が述べられているかを考え、それが、文章全体でどういう役割を果たしているかを考えるとよい。

問1 文中の空欄①に入る内容として最も適切なものを、ア～エのうちから一つ選んで、記号に○をつけなさい。

ア　漢字比率が低い
イ　平仮名比率が高い
ウ　漢字比率が低くて平仮名比率が高い
エ　漢字比率が高くて平仮名比率が低い

問2 文中の空欄②に入る内容として最も適切なものを、ア～エのうちから一つ選んで、記号に○をつけなさい。

ア　二つのグループに分かれている
イ　一か所に集まろうとする
ウ　全体に平仮名比率が一定の値を取る
エ　全体が右下がりになっている

問3 段落B・C・D・Eの関係を説明したものとして最も適切なものを、ア～エのうちから一つ選んで、記号に○をつけなさい。

ア　段落Bで調査方法を述べ、段落Cでグラフの示し方を説明し、段落D・Eで分析を述べている。
イ　段落Bで調査方法を述べ、段落Cで結果を説明し、段落D・Eで分析を述べている。
ウ　段落Bで調査目的を述べ、段落Cでグラフの見方を説明し、段落D・Eで分析を述べている。
エ　段落Bで調査目的を述べ、段落Cで仮説を立てて、段落D・Eでそれを証明している。

学習の手引き

二つのグラフが示されています。一つは、ボランティア活動をする人の割合について、年代別の変化、男女別の比較を示したものです。もう一つは、どういうボランティア活動が多くなされているかのデータです。
　文章は、両者を踏まえて、どのようなことが読み取れるかを述べています。

◆次は、Y市における、市民のボランティア活動について書かれた文章です。これを読んで、後の問い（問1〜問3）に答えなさい。

図1　ボランティア行動者率

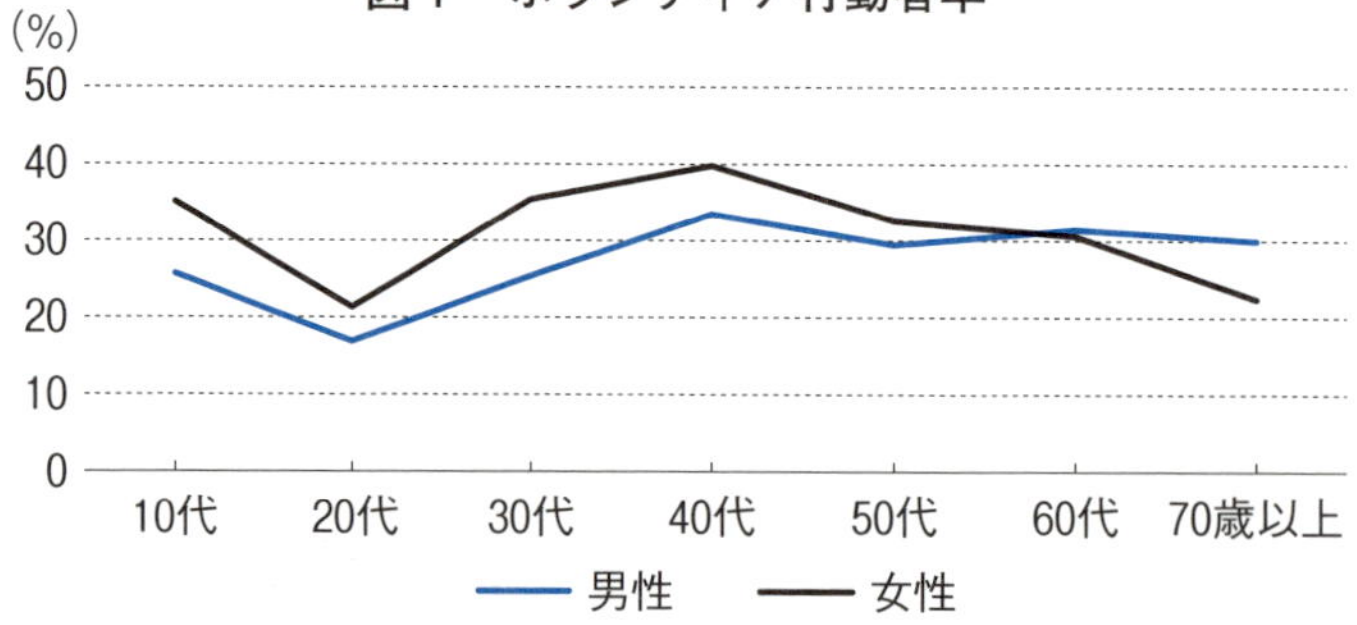

　図1は、Y市でボランティア活動をした人の割合（行動者率）を、年代別、男女別に示している。男女ともに20代で最も低く、40代で最も高い。また、50代までは、男性よりも女性の行動者率が高く、60代以降は男性のほうが高くなっている。［①］は、仕事などで時間的なゆとりがないためと推測される。
　図2は、ボランティア活動の種類別に、行動者率の多い5位までを示している。1位の「まちづくりのための活動」は、男女とも［②］が、女性が最も多いのは「子どもを対象とした活動」で、男性の［③］。この男女差の大きさは、子どもにかかわることに対する意識の差と関連しているのではないか。
　以上のことは、ボランティア活動は、時間的な制約によって制限されるが、一方で、関心の高いことには熱心に取り組めることを示唆していると考えられる。

図2　種類別・男女別のボランティア行動者率（複数回答）

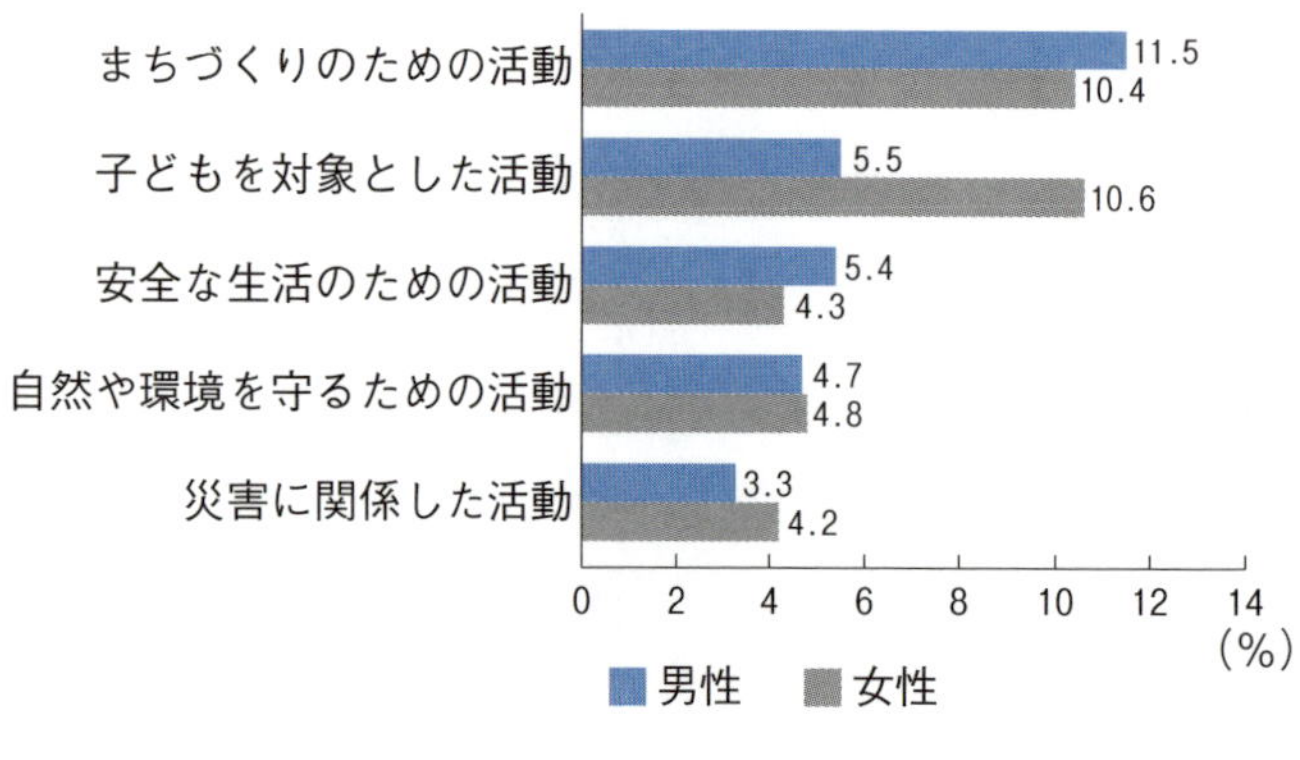

考えるヒント

問1 データの数値の読み取りにかかわる問題。文脈上、論理的につながることに注意。

問2 選択肢の文言がデータから見て正しいというだけでなく、文脈から考えて適切であるものを選ぼう。

問3 筆者がどのように考えているかを、文章全体から読み取る問題。

問1 文中の空欄①に入る内容として最も適切なものを、ア〜エのうちから一つ選んで、記号に○をつけなさい。

ア 20代の行動者率の低さ
イ 40代の行動者率の高さ
ウ 50代まで男性より女性の行動者率が高いこと
エ 60代以降、男性の行動者率が高くなっていること

問2 文中の空欄②・③に入る内容の組み合わせとして最も適切なものを、ア〜エのうちから一つ選んで、記号に○をつけなさい。

ア ②最も多い ③2倍近い
イ ②ほかの項目の2倍以上だ ③11・5%には及ばない
ウ ②5%を超えている ③11・5%には及ばない
エ ②10%を超えている ③2倍近い

問3 この文章から読み取れる、筆者が考えている「ボランティア活動に取り組むために必要な要因」として最も適切なものを、ア〜エのうちから一つ選んで、記号に○をつけなさい。

ア 「まちづくりに対する意識」と「ボランティア活動がかかわる対象への関心の強さ」
イ 「まちづくりに対する意識」と「子どもにかかわることに対する意識」
ウ 「時間的な余裕」と「ボランティア活動がかかわる対象への関心の強さ」
エ 「時間的なゆとり」と「子どもにかかわる意識の強さ」

◆次の文章は、犬好きと猫好きが書いた文章を、使われた単語をもとに分析して述べたものです。これを読んで、後の問い（問1〜問3）に答えなさい。

学習の手引き

犬好きと猫好きの文章に、それぞれの性格が反映されるか、という疑問をとりあげた文章です。

データとして自立語の品詞が出てきます。決して難しい話ではなく、おもしろい話なので、ゆっくり読んで考えてください。

表　犬好きと猫好きの文章における品詞別度数　（　）内の数値は％

	名　詞	動　詞	形容詞・形容動詞・副詞・連体詞	接続詞・感動詞	計
犬好き	2,635（52.8）	1,533（30.7）	783（15.7）	40（0.8）	4,991
猫好き	2,241（52.6）	1,535（36.0）	449（10.5）	38（0.9）	4,263

文章には、書いた人の性格が表れると言われることがある。では、世の中に犬好きと猫好きの人がいるが、両者の文章に、性格の違いが表れるのだろうか。

そこで、犬好きと猫好きの人たちに、ペットを自慢する文章を書いてもらった。人数は一〇〇人ずつで、文字数は一五〇字〜二〇〇字である。書かれた文章に使われた語を、自立語に分けて品詞を調べた。その結果が上の表である。

ただし、自立語の品詞を四つのグループにまとめている。名詞は大まかに言えば、モノやコトを表すと言える。動詞は動作や動きを表すと言えよう。そのように考えると、形容詞・形容動詞・副詞・連体詞は状態やようすを表すものとしてまとめられる。残りの接続詞と感動詞は少なかったので、その他のグループとした。

表を見ると、犬好きと猫好きとの大きな違いは、犬好きが［①］の比率が猫好きよりも高く、猫好きは［②］の比率が犬好きよりも高いことである。つまり、両者の文章を比べると、犬好きは状態やようすを表す語が多くなるのに対して、猫好きは動作や動きを表す語をよく使うということである。

ペット自慢の文章なので、文章において、犬好きは犬の状態やようす、すなわち、犬がどういう姿、形をしているかを自慢し、猫好きは猫の動作、動きを自慢している。要するに、犬好きは自分の犬が［③］を自慢し、猫好きは自分の猫が［④］を自慢しているのである。

文章から、［⑤］。

考えるヒント

問1
データの数値の読み取りにかかわる問題。

問2
文脈を踏まえて、空欄に合うものを選ぶこと。

問3
最後の段落は、文章のまとめの部分。文章全体から何が言えたのかを考えよう。

問1 文中の空欄①・②に入る項目の組み合わせとして最も適切なものを、ア〜エのうちから一つ選んで、記号に○をつけなさい。

ア ①「名詞」 ②「接続詞・感動詞」
イ ①「名詞」 ②「動詞」
ウ ①「形容詞・形容動詞・副詞・連体詞」 ②「接続詞・感動詞」
エ ①「形容詞・形容動詞・副詞・連体詞」 ②「動詞」

問2 文中の空欄③・④に入る内容の組み合わせとして最も適切なものを、ア〜エのうちから一つ選んで、記号に○をつけなさい。

ア ③いかに立派な姿、形をしているか ④こんなにかわいい姿をしているということ
イ ③いかに立派な姿、形をしているか ④こんなことができるのだという行動やしぐさ
ウ ③いかに速く走ることができるか ④こんなにかわいい姿をしているということ
エ ③いかに速く走ることができるか ④こんなことができるのだという行動やしぐさ

問3 最後の段落の空欄⑤には、最初の段落の問題提起に対する解答が述べられています。その内容として最も適切なものを、ア〜エのうちから一つ選んで、記号に○をつけなさい。

ア 犬好きと猫好きの、それぞれ生まれつきの性格が表現に反映されていることがわかった
イ 犬好きの支配を好む性格と猫好きの世話を焼きたがる性格の差が文章の一部に反映されていた
ウ 犬好きも猫好きも自分のペットを自慢せずにいられないという、同じ性格を持っていることがわかった
エ 犬好きと猫好きの性格の差までは読み取れなかったが、何を自慢したいかの視点の違いはわかった

第1ステップ 文脈における言葉の意味

学習の手引き

言葉の意味を知っていても、その言葉が、文章の中でどういう内容を表しているのかがわからなければ、文章を理解することはできません。

言葉の辞書的な意味だけでなく、文章の中での意味を把握してください。

◆次の文章を読んで、後の問い（問1～問3）に答えなさい。

先日、動物園にカバを見に行った。「カバは赤い汗をかく」といううわさを聞きつけ、それを確かめに行ったのである。うわさは、A果たして本当だった。冬のことで汗などかいていないのではないかと思っていたが、実際に体の表面を赤くしているカバがいたのだ。知らなければ、ケガをして血を流していると思ったところだ。

では、なぜカバの汗は赤いのだろう。調べてみたところ、どうやらこれは、正確には「汗」ではないらしい。というのも、カバの体には、汗を分泌する「汗腺《かんせん》」がないからだ。また、人間の汗は、暑いときに出て体温を下げる役割を持っているが、カバの「汗」にそうした役割はない。

実は、カバが分泌しているのは、ある種の粘液なのだそうだ。これには赤い色素やオレンジ色の色素が含まれている。このうち、赤い色素には抗菌作用があり、オレンジ色の色素には、紫外線を吸収する効果があるという。知っての通り、カバには体毛がない。この粘液は体毛の代わりになって、カバの体に細菌が直接触れたり、強い直射日光が直接当たったりするのを防いでいるのだと考えられる。

つまり、カバの汗が赤い理由は、皮膚の［　　］にあったというわけだ。Bこれなら、真冬の野外で赤い汗が見られたのも道理である。

考えるヒント

▶問1
「果たして〜だろうか」という疑問の形式ではないことに注意。

▶問2
細菌や直射日光を「防ぐ」役割。「防いで守る」という意味の語として適切なのは？

▶問3
「道理」には、「人として正しい行い」や「筋が通っている」という意味がある。この文章の中では、どのような意味になるか。

問1 傍線部Aの意味として最も適切なものを、ア〜エのうちから一つ選んで、記号に○をつけなさい。

ア 本当だと予想はしていたが、やはりその通りに本当だった

イ 一体どうなっているのかわからないが、本当だった

ウ まさかそんなはずがないと思っていたが、なんと意外なことに本当だった

エ 本当ではないと信じていたので、残念なことだが本当だった

問2 空欄に入る語句として最も適切なものを、ア〜エのうちから一つ選んで、記号に○をつけなさい。

ア 保全

イ 保護

ウ 守備

エ 愛護

問3 傍線部Bが表す内容として最も適切なものを、ア〜エのうちから一つ選んで、記号に○をつけなさい。

ア カバの汗には赤やオレンジの色素が含まれているのだから、カバの汗が赤く見えるのは当然だ。

イ 実際に真冬でも赤い汗をかいているのだから、「カバの汗は赤い」といううわさを信じるのは人として正しい行いである。

ウ カバの汗が細菌や直射日光を防ぐためのものだと考えれば、真冬でもカバの汗が赤いのは、異常なことではない。

エ カバの汗は、暑いときに体温調節をするためのものではないため、寒い冬でも汗が見られるのは筋が通った話だ。

指示語・接続語をとらえる

学習の手引き

指示語が指す内容は、多くの場合、その指示語より前にあります。しかし、そうでない場合もあります。前後の文脈をとらえ、指示語が何を指しているかを判断しましょう。

◆次の文章を読んで、後の問い（問1〜問3）に答えなさい。

年末恒例の歌番組が終わり、テレビには各地で鳴らされる除夜の鐘が映し出される。すると、祖父がおもむろにテレビを消して立ち上がる。それが合図で、ぬくぬくと温まっていたこたつから足を抜き、コートに帽子に手袋と、防寒具に身を包む。深夜の初もうでに出かける準備だ。

子どものころを思い出すと、そんな記憶がよみがえる。深夜に出かけるという非日常の高揚感は、子ども心に鮮烈に焼きついたのだろう。歩いて十分ほどで着く小さな神社の鳥居や、頬《ほお》が切れそうな空気の冷たさを、今もまざまざと思い出すことができる。神社で振る舞われた甘酒の甘く、温かかったこともだ。

[A]おかげで、今も甘酒と言えば正月の飲み物だという印象が強い。私に限らず、正月とは言わないまでも、[a]甘酒を冬の味覚ととらえている人は多いのではないだろうか。

［　①　］、[b]江戸時代には、甘酒は夏の飲み物だったという話を聞いた。江戸時代の人がまさか[B]それを知っていたとは思えないが、[c]甘酒には、ブドウ糖やビタミンB、アミノ酸など、豊富な栄養素が含まれている。［　②　］、[d]甘酒を飲むと力がわいてくるような効果を実感していたのだろう。夏バテしやすい季節に、滋養強壮に効く飲み物として重宝されていたという。［　③　］栄養ドリンクの扱いだ。

近年、栄養豊富な甘酒が、再び注目され始めているようだ。滋養強壮だけでなく、美容や免疫力の向上にも効果があるとして、甘酒を積極的に生活に取り入れる人が増えているとも聞く。甘酒は近く、冬か夏かにこだわらず、日常的な飲み物として飲まれるようになるのかもしれない。

考えるヒント

▼問1
「おかげで」は、「ある物事がもたらす結果として」という意味。どのような物事の結果として「甘酒は正月の飲み物」という印象になったのか。

▼問2
①＝「甘酒は冬の味覚」「甘酒は夏の飲み物」という前後の内容は、相反したもの。
③＝「栄養ドリンク」は、たとえ。

▼問3
直前の内容とは限らない。江戸時代の人が知り得なかったのはどういうことか。

問1 傍線部Aが表す内容として最も適切なものを、ア～エのうちから一つ選んで、記号に○をつけなさい。

ア　神社で振る舞われた甘酒が甘く、温かかったために。
イ　初もうでの記憶と結びついて、甘酒の甘く、温かかったことを鮮烈に覚えているために。
ウ　初もうでに行くと、甘く、温かい甘酒が振る舞われるのを知ってしまったせいで。
エ　子どものころ、甘く、温かい甘酒は、正月にだけ振る舞われる非日常の飲み物だったせいで。

問2 空欄①～③に入る語句の組み合わせとして最も適切なものを、ア～エのうちから一つ選んで、記号に○をつけなさい。

ア　①そこで　②だから　③つまり
イ　①ところが　②そのため　③いわば
ウ　①しかし　②つまり　③または
エ　①そのため　②例えば　③よって

問3 傍線部B「それ」の内容として最も適切なものを、ア～エのうちから一つ選んで、記号に○をつけなさい。

ア　波線部a
イ　波線部aとb
ウ　波線部c
エ　波線部cとd

段落の要点をとらえる

学習の手引き

文章全体の内容をいきなり把握するのは大変です。まずは、段落ごとの意味内容をとらえていきましょう。

要点とは、「その話の中心になる内容」のことです。各段落で中心となるのはどんな内容かを考えながら読んでください。

◆次の文章を読んで、後の問い（問1～問3）に答えなさい。

「利発」「聡明《そうめい》」「明敏」「目から鼻へ抜ける」など、人の賢さを褒める言葉は数多い。「博覧強記」もその一つだ。「書物をよく読み、その内容をよく記憶していて物知りだ」というのだから、確かに博覧強記の人は賢いのだろう。【段落A】

そういう人なら、「クリミア戦争はなぜ起きたのか」と問えば答えてくれるはずだ。「アルミの元素記号は」「ピーマンの有名な産地は」と尋ねてもきっと大丈夫だろう。あるいは、「お気に入りの服にケチャップを飛ばしてしまったが、シミ抜きはできるか」「引っ越しで必要になる手続きは何か」「ケバブはどうやって作るか」などと聞いても、答えを教えてくれるかもしれない。そんな人には賢いと言いたくなる。【段落B】

だが、今の時代、博覧強記でいることがそれほど必要だろうか。例えば右に挙げた問いに答えが欲しいときには、インターネットで検索すればいいだけの話だ。パソコンやスマートフォン、タブレットなど、インターネットに接続できる機器があれば、ほとんどの疑問や質問には答えを得ることができる。もちろん、どんなキーワードを入れて検索すればよいか、検索結果として示された情報の中から、どれを答えとして選べばよいかなど、コツを知っておく必要はあるが。【段落C】

[a]そう考えてみれば、現代においては、「検索上手」な人も十分に賢いと言える。[b]もちろん、物知りなのは結構なことだ。[c]だが、物を知らなくても、検索することができる。[d]今は、何をどう調べれば答えが得られるか、その手法を知っている人が賢いと言われる時代なのだ。【段落D】

考えるヒント

問1
「博覧強記の人にこんなことを聞いたら」という例が並べられている。要点は「どんな問いの答えも知っている博覧強記の人は賢い」ということ。

問2
一文目の問いに対する答えも段落Cの中にある。問いかけることよりも、その答えのほうが重要。

問3
段落Dは、筆者の見解を示した段落。筆者の見解を最もよく表しているのはどれか。

問1 段落Bで述べている内容として最も適切なものを、ア〜エのうちから一つ選んで、記号に○をつけなさい。

ア　段落Aで示した内容の具体例
イ　段落Aで示した内容の反例
ウ　段落Cで示す内容の根拠
エ　段落Cで示す内容の前提

問2 段落Cの要点として最も適切なものを、ア〜エのうちから一つ選んで、記号に○をつけなさい。

ア　今の時代、博覧強記でいることは必要だろうか。
イ　現代においては、博覧強記でいるよりも、検索上手でいるほうが賢い。
ウ　現代では博覧強記である必要はなく、物事を知りたければインターネットで検索すればよい。
エ　必ずしも博覧強記でいる必要はないが、知りたいことを検索するときには、いくつかのコツがいる。

問3 段落Dの要点として一文を抜き出す場合、最も適切なものを、ア〜エのうちから一つ選んで、記号に○をつけなさい。

ア　波線部a
イ　波線部b
ウ　波線部c
エ　波線部d

文・段落の役割をとらえる

学習の手引き

　第3ステップで、段落ごとの要点を確認しながら読む練習をしました。

　ここでは、文章全体を通して、その段落がどのような役割を持っているかを考えます。全体の構成をつかむための練習です。

◆次の文章を読んで、後の問い（問1〜問3）に答えなさい。

　ニュースなどで気象情報を見ていると、前線という言葉がよく出てくる。寒冷前線と聞けば、やってくる寒さを思って気が重くなり、梅雨前線と聞けば、じめじめとした雨の季節の訪れにうんざりもするが、これは違う。桜前線だ。【段落A】

　桜の開花予想日を結んだこの線は、日本の南から北へと徐々に上がってくる。南から少しずつ冬が終わっていくことを伝えてくれ、何とはなしに心を弾ませてくれるものだ。だが、思えば、桜前線が毎年同じような動きを見せ、足並みをそろえて北上してくるのが不思議でもある。季節外れに早く咲く桜や時機を逃して遅く咲く桜があって足並みが乱れ、前線の動きが変わることはないのだろうか。【段落B】

　桜前線では、主にソメイヨシノという種類の桜について、開花を予想している。このソメイヨシノは日本全国に広く植えられているが、実は、そのほとんどすべてが同じ木、つまり、ある一本の木をもとにして、そこから挿し木や接ぎ木で数を増やしたクローンである。これは何を意味するか。【段落C】

　[a]要するに、ソメイヨシノは、どの木を見ても同じ遺伝情報を持っているということだ。[b]これは、同じ特徴、同じ性質を持っていると言ってもいい。[c]全国のソメイヨシノは、花の色や形も同じなら、寒さや乾燥に対する耐性も同じなのだ。【段落D】

　当然、花をつけるタイミングも同じである。気温や日照時間の条件が同じなら、ソメイヨシノは一斉に花をつける。そのため、気候が同じ条件の土地では開花予想日も同じになり、桜前線が毎年足並みをそろえて北上することになるのだ。【段落E】

考えるヒント

問1
「桜前線」というキーワードが示されている。

問2
疑問＝「桜前線の動きが変わることはないのか」
解答＝「桜前線は毎年足並みをそろえて北上する」

問3
b＝「言ってもいい」というのだから？
c＝「同じ特徴、同じ性質」の例を挙げている。

問1 段落Aが果たしている役割として最も適切なものを、ア～エのうちから一つ選んで、記号に○をつけなさい。

ア　文章の中心となる疑問について、筆者の見解を示している。
イ　文章の中心となる疑問について、解答の根拠を示している。
ウ　筆者の疑問が正しいことを証明するために、筆者の経験を述べている。
エ　話題への導入部分として、読者の関心を引く事柄を提示している。

問2 この文章は、筆者の疑問に対して解答するものとなっています。疑問を述べた段落、解答を述べた段落の組み合わせとして最も適切なものを、ア～エのうちから一つ選んで、記号に○をつけなさい。

ア　**疑問**＝段落B　**解答**＝段落C・D
イ　**疑問**＝段落B　**解答**＝段落E
ウ　**疑問**＝段落C　**解答**＝段落D
エ　**疑問**＝段落C　**解答**＝段落D・E

問3 波線部aに対して、波線部b・cが果たしている役割として最も適切なものを、ア～エのうちから一つ選んで、記号に○をつけなさい。

ア　波線部bは、波線部aの内容を言い換えており、波線部cでその内容を具体的に解説している。
イ　波線部bは、波線部aから推測できる事柄を伝え、波線部cでその推測の正しさを証明している。
ウ　波線部bは、波線部aと同じ内容を述べており、波線部cでその内容を抽象化している。
エ　波線部bは、波線部aから得られる結論を示し、波線部cでその結論の根拠を述べている。

学習の手引き

第3ステップで段落の要点をとらえる練習をし、第4ステップで、段落の役割をとらえる練習をしました。

ここでは、段落と段落とがどのように結びついているかを考えます。それぞれの段落の要点や役割を把握した上で、文章全体の構成をとらえていく練習です。

◆次の文章を読んで、後の問い（問1～問3）に答えなさい。

日ごろ何気なく目にしている横断歩道だが、昔と今とでは、そのデザインが違っている。試しに、横断歩道の絵を描いてみてほしい。今から自分が渡ろうとしていると想定して描いたとき、横棒を何本か並べただけの横断歩道を描いた人は、現在のデザインを正しく覚えていることになる。横棒の両脇《りょうわき》に縦棒をくっつけ、ハシゴのような絵になった人は、記憶が少々古いようだ。**【段落A】**

横断歩道のデザインが変わり始めたのは、一九九二年のことだ。それまで横断歩道は、ハシゴ型のデザインだった。だが、この年、国土交通省が出す「道路標識、区画線及び道路標示に関する命令」が改正され、ハシゴ型の縦線が削除されることになったのだ。では、なぜ削除する必要があったのだろうか。**【段落B】**

横断歩道の白い線は塗料で描かれており、塗料の分だけわずかに盛り上がっている。また、塗料が路面を保護するため、年月の経過によってすり減っていく他の部分との間で、高さの差が大きくなる。つまり、塗料の塗られた部分は高く、そうでない部分は低くなり、路面にでこぼこができるのだ。**【段落C】**

すると、ハシゴ型の横断歩道の場合、白い枠線で囲まれた部分に雨水がたまりやすくなる。これが車のスリップ事故や、車による水はねが起きる原因となっていた。また、でこぼこが大きいと、車が走行したときに大きな音が出やすく、騒音の原因となることもあった。横断歩道のデザインが変わったのには、水はけをよくして事故を防ぐ、でこぼこができる部分を減らして騒音を解消するという目的がある。**【段落D】**

さらに、縦線をなくすと、その分少ない塗料で横断歩道が描けるようになり、経費を節約できる。また、描かれている部分が減るので、新たに横断歩道を描くときやすでにある横断歩道を補修するときの手間も減る。こうしたメリットがあることも、横断歩道から縦線が削除された理由の一つである。**【段落E】**

考えるヒント

問1
この文章は、「横断歩道のデザイン」をとりあげ、「デザインが変化した理由」について述べている。

問2
段落Bの最後の一文に注目しよう。

問3
【各段落の要点】
段落C＝横断歩道では、路面にでこぼこができる。
段落D＝縦線削除の目的は、でこぼこによって起きる事故や騒音を防ぐことだ。
段落E＝経費の節約や手間の削減も理由の一つだ。

問1 文中における段落Aの要点として最も適切なものを、ア〜エのうちから一つ選んで、記号に○をつけなさい。

ア　横断歩道のデザインは、今と昔とで違っている。
イ　横断歩道の絵を描いてみたとき、ハシゴ型になった人は記憶が古い。
ウ　日ごろ何気なく目にしている横断歩道だが、そのデザインを正しく記憶している人は少ない。
エ　試しに横断歩道の絵を描いてみると、そのデザインが今と昔とで違っていることがわかる。

問2 文中における段落Bの役割として最も適切なものを、ア〜エのうちから一つ選んで、記号に○をつけなさい。

ア　文章の中心となる問題を示し、その問題に関する筆者の感想を述べている。
イ　話題の事柄に関する事実を説明し、文章の中心となる疑問を提示している。
ウ　文章でとりあげる問題について、前提となる事実を示し、段落Cへと導入している。
エ　段落Aで示された筆者の疑問をまとめ、段落Aの内容を述べ直している。

問3 段落C・D・Eはどのような関係ですか。最も適切なものを、ア〜エのうちから一つ選んで、記号に○をつけなさい。

ア　段落C・Dは、文章の中心となる疑問に対する解答の根拠で、段落Eがその解答である。
イ　段落C・Dは、筆者の疑問に対する解答で、段落Eで解答への反論を行っている。
ウ　段落Cは、段落Dの内容の根拠を、段落Dは、段落Eの内容の根拠を述べている。
エ　段落Cは、段落Dの前提となる内容で、段落D・Eは、文章の中心となる疑問への解答である。

第6ステップ 文章の構成をとらえる

学習の手引き

第5ステップまでは、段落単位で要点や関係を考えてきました。

ここでは文章全体に範囲を広げ、全体の構成を考えていきます。

◆次の文章を読んで、後の問い（問1〜問3）に答えなさい。

財布を落としてしまったときや、道に迷ってしまったとき。不審な人物を見かけたときや、近所の人とトラブルになってしまったとき。だれかに助けを求めようとして頭に浮かぶのは、交番だ。交番に行ってお巡りさんに相談すれば大丈夫だ。そんな安心感がある。**【段落A】**

原則として二十四時間警察官が常駐して、地域の安全を守る交番制度は、元は日本独自のものだ。また、交番制度は、治安維持だけでなく、落としものや道案内などに対応して住民の利便も図っている。**【段落B】**

実は、この交番制度は海外からの注目度が高い。日本の治安がよいのは交番制度があるからではないかとして、自国の治安維持の参考にしようという国があるのだ。実際に、シンガポールやインドネシア、ブラジルなど、いくつもの国に日本の交番制度が輸出されている。特にシンガポールは、幹部候補生を日本に派遣し、実際に勤務しながら日本の交番制度を学ぶなど、積極的にこの制度を取り入れている。**【段落C】**

さらに、輸出された交番制度は、各国で一定の成果を挙げているという。例えばブラジルのサンパウロ州では、人口一〇万人あたりの年間殺人事件の件数が、一九九〇年には五〇人を超えていたという。それが、交番制度を導入後の二〇一三年には、一〇人ほどになったというのだ。もちろん、これはブラジルの警察が努力した結果であるが、そこにいくらかは、交番の果たした役割もあったに違いない。**【段落D】**

世界に目を向ければ、まだまだ治安の悪い国も多い。日本の交番制度がそうした国に根付き、各地で安全なまちづくりに貢献できるとすれば、日本人として誇らしく思う。**【段落E】**

考えるヒント

▼問1・問2

段落A＝交番の安心感
段落B＝交番制度とは
段落C＝海外に取り入れられた交番制度
段落D＝海外での交番制度の成果
段落E＝筆者の思い

段落Aは導入部分で、Bは前提となる知識を説明したもの。文章の中心となるのは、段落C・Dの内容。

▼問3

「導入」―「前提となる知識の確認」―「中心となる話題」―「筆者の感想」という構成。

問1 この文章で中心的にとりあげている話題は何でしょうか。最も適切なものを、ア～エのうちから一つ選んで、記号に○をつけなさい。

ア　交番制度の独自性
イ　交番制度の輸出
ウ　日本の治安維持
エ　安全なまちづくり

問2 段落C・D・Eで述べられている内容として最も適切なものを、ア～エのうちから一つ選んで、記号に○をつけなさい。

ア　段落Cが文章の中心となる話題で、段落Dがその解説、段落Eは、話題の事柄への補足説明
イ　段落Cが話題の事柄に関する具体例で、段落D・Eは、ともに具体例に基づいた筆者の解釈
ウ　段落C・Dが文章の中心となる話題の内容で、段落Eは、話題の事柄に対する筆者の感想
エ　段落C・Dが話題の事柄に関する具体例で、段落Eは、その具体例を一般化したもの

問3 この文章は意味内容からいくつかのまとまりに分けることができます。構成を示したものとして最も適切なものを、ア～エのうちから一つ選んで、記号に○をつけなさい。

ア　段落A／段落B／段落C・D／段落Eの四部構成
イ　段落A・B／段落C／段落D／段落Eの四部構成
ウ　段落A／段落B・C／段落D・Eの三部構成
エ　段落A・B／段落C・D／段落Eの三部構成

第7ステップ　要旨をとらえる

学習の手引き

第3ステップでは段落ごとの要点をとらえました。

ここでは文章全体に範囲を広げ、全体の要旨を考えていきます。

文章でとりあげている話題は何かをとらえ、その話題をとりあげることによって筆者が何を伝えようとしているか（主題）をつかんでください。

◆次の文章を読んで、後の問い（問1～問3）に答えなさい。

すれ違った人の香水のにおいに、古い友人のことを思い出した。あるいは、夕暮れ時にどこからか漂ってくるカレーのにおいに、子ども時代の食卓が懐かしくよみがえった。こんな経験をしたことはないだろうか。そう尋ねてみると、このように、あるにおいによって記憶が刺激され、何かを思い出すという経験は、案外多くの人がしているようだ。**【段落A】**

また、あるにおいを嗅《か》ぐと心が穏やかに落ち着いたり、爽快《そうかい》な気分になったりすることもある。最近では、ある種のにおいが認知症の予防に効果があるといわれ、医療に活用しようとする流れもあるようだ。においは、私たちの記憶や感情に強く訴えかけてくるものだと言えよう。**【段落B】**

一方で、においは目に見えないものながら、多くの情報を私たちに与えてくれるものでもある。例えば、都市ガスだ。ガスは本来無味無臭無色で、人には普通感知できない。都市ガスはそこに敢えて嫌なにおいを加えている。そのにおいによって、ガス漏れに気づいてもらえるようにしているのである。また、食品のにおいによって、それが腐っているかどうかを判断することもある。もちろん、嫌なにおいだけが情報を伝えるのではない。かすかな潮のにおいによって海が近いことを知ったり、空気の湿ったにおいが雨の訪れを知らせたりもする。**【段落C】**

ところで、最近は消臭や芳香に気を使う人が増えているようである。テレビのCMでも、空間の嫌なにおいを消す商品や、衣類によいにおいをつける商品を毎日のように見かける。そのような生活に慣れていくと、嗅《きゅう》覚《かく》が鈍っていくのではないかと、ふと気になった。自然に存在するにおいを嗅ぎ、情報を受け取ったり、記憶や感情を刺激されたりといった感覚が鈍っていくとしたら、それは人間の持つ生きる力が衰えていくことになりはしないだろうか。少し大げさだが、心配になるのである。**【段落D】**

考えるヒント

▶問1
「香水」「カレー」は具体例。具体例は、要約する際には省く。

▶問2
「都市ガスのにおい」「食品のにおい」「潮のにおい」「空気の湿ったにおい」は具体例。何の具体例かを考えよう。

▶問3
この文章の話題は「におい」、主題は「嗅覚の衰えは生きる力の衰えになるのではないか」ということ。

問1 段落Aの要約として最も適切なものを、ア〜エのうちから一つ選んで、記号に○をつけなさい。

ア　筆者は、香水やカレーのにおいによって、過去の出来事を思い出したことがある。
イ　多くの人は、においで記憶を刺激され、何かを思い出すという経験があるようだ。
ウ　多くの人に経験がある通り、においは私たちの記憶や感情に強く訴えかけてくるものだ。
エ　香水やカレーなどのにおいは、多くの人に過去の記憶を思い出させるだろう。

問2 段落Cの要点として最も適切なものを、ア〜エのうちから一つ選んで、記号に○をつけなさい。

ア　においは、多くの情報を与えてくれるものだ。
イ　都市ガスの嫌なにおいが、ガス漏れの情報を教えてくれる。
ウ　嫌なにおい以外にも、情報を伝えてくれるにおいがある。
エ　においによって、ガス漏れや食品の腐敗、周囲の地形や天候の変化などがわかる。

問3 この文章全体の要旨として最も適切なものを、ア〜エのうちから一つ選んで、記号に○をつけなさい。

ア　においは、私たちの記憶や感情に訴えかける一方、情報を伝えてくれるものでもある。
イ　現代人の生活では、記憶や感情を刺激したり、情報を伝えたりするにおいが感じられなくなりそうだ。
ウ　記憶や感情に働きかけたり、情報を伝えたりしてくれるにおいを感じる嗅覚が鈍ると、生きる力が衰えることになるのではないか。
エ　においによって記憶や感情を呼び覚ましたり、においによって何らかの情報を知ったりするのは、生きる力があるということだ。

第1ステップ 手紙に必要な知識

学習の手引き

手紙文を書くときのポイントは、決まり事を守ることです。

頭語と結語には、よく使われる決まった語があります。また、その組み合わせも決まっているものがあります。こうしたことを心得ていると、手紙を気軽に書けるようになるでしょう。

さらに、日付や受取人・差出人の名前を書く位置なども約束事があります。確認して覚えておきましょう。

◆次は、ある高校生がおじさんに出したお礼状です。文章中の空欄に入るものについて、後の問い（問1～問5）に答えなさい。

拝啓

［①］の候、［②］。私は高校生活を楽しんでいます。

［③］、私にくださるとおっしゃっていた、おじさんの油絵の道具が昨日届きました。ありがとうございます。今日、早速学校に持って行って美術部の仲間に見せました。この道具に負けないよう、よい絵がかけるように努力いたします。

寒さに向かいます。［④］。

［⑤］

十一月十一日

大場　純

田中　真二　様

考えるヒント

▼手紙文の構成パターン

(1)前文

頭語・時候のあいさつ・安否のあいさつ

(2)本文

(3)末文

結びのあいさつ・結語

(4)後付け

日付・差出人・受取人

手紙の言葉と形式の意味

友達への手紙なら、ふだん話している言葉遣いで書いてもかまいません。しかし、目上の人への手紙の場合には、改まった言葉遣いで書くことが必要です。改まった言葉遣いで書くことが、相手の人への敬意を示すことになるからです。

また、手紙の決まった形式を守ることも、相手に対する敬意を示します。手紙の形式には、受取人に対する配慮が込められていますので、形式を守れば、相手を尊重していることを示せるのです。

問1 空欄①に入るものとして最も適切なものを、ア～エのうちから一つ選んで、記号に○をつけなさい。

ア　初秋　　イ　厳寒　　ウ　晩秋　　エ　寒冷

問2 空欄②に入るものとして最も適切なものを、ア～エのうちから一つ選んで、記号に○をつけなさい。

ア　ご清栄のこととお喜び申し上げます　　イ　落ち葉の季節となりました

ウ　おじさんにはいかがお過ごしですか　　エ　ごぶさたです

問3 空欄③に入るものとして最も適切なものを、ア～エのうちから一つ選んで、記号に○をつけなさい。

ア　それで　　イ　さて　　ウ　それから　　エ　つきましては

問4 空欄④に入るものとして最も適切なものを、ア～エのうちから一つ選んで、記号に○をつけなさい。

ア　ありがとうございます　　イ　どうぞご自愛ください

ウ　これからも頑張ってください　　エ　これで失礼いたします

問5 空欄⑤に入るものとして最も適切なものを、ア～エのうちから一つ選んで、記号に○をつけなさい。

ア　敬具　　イ　草々　　ウ　以上　　エ　啓上

▶問1 日付に注意。

▶問2 時候のあいさつの次は?

▶問3 本文を始めるときには、それにふさわしい語句がある。

▶問4 手紙にふさわしい結びのあいさつは?

▶問5 頭語と結語の組み合わせに注意。

学習の手引き

尊敬語は動作をする人に対する敬意を表し、謙譲語は動作に関係する人に対する敬意を表します。

例えば、動作が「送る」の場合、相手が送るときは「お送りになる」などと尊敬語を使います。他方、自分が送るときは、送る動作に関係する相手に敬意を示して「お送りする」と謙譲語を使います。

注意したいのは、動作が「送ってもらう」の場合です。「もらう」がつくので、動作をする人は自分です。ですから、相手に敬意を示すためには謙譲語を使います。「お送りいただく」となります。

問1　次の①～⑥の文の（　）に入る敬語として最も適切なものを、ア～エのうちから一つずつ選んで、記号に○をつけなさい。

① **旅行でご一緒したときの写真をお送りしますので、どうぞ（　）。**
ア　見ていただきます　イ　ご覧ください
ウ　お目にかけます　エ　拝見してください

② **当地の名物を別便でお送りしますので、ぜひ（　）ください。**
ア　いただいて　イ　お食べして
ウ　召し上がって　エ　お召し上がられて

③ **旅行に（　）ときに、お持ちになると便利な品です。**
ア　いらっしゃる　イ　お行きされる
ウ　伺われる　エ　参る

④ **立派なお祝いの品を（　）ましてありがとうございます。**
ア　送ってもらい　イ　送ってくれ
ウ　お送りいただき　エ　お送りされ

⑤ **私がそちらに（　）つもりでおります。**
ア　伺う　イ　参られる
ウ　行かれる　エ　おいでになる

⑥ **先生に直接（　）ご相談したいと思っています。**
ア　おっしゃって　イ　お話しして
ウ　お話しなさって　エ　申されて

考えるヒント

問1
① 相手に「見てくれ」という尊敬語。
② 「食べる」の尊敬語は？
③ 「行く」の尊敬語は？
④ 相手に敬意を示せる表現を選ぼう。
⑤ 「私」の行動だから謙譲語。
⑥ 「話す」のは私だから謙譲語。

間違いやすい敬語

尊敬語を使うときに、尊敬と謙譲がまじったものを見かけます。次のようなものです（↓の後が正しい）。

*ご○○してくださる

例ご案内してくださる
↓ご案内くださる

*ご○○される

例ご案内される↓案内なさる／ご案内くださる

*お○○してくださる

例お手伝いしてくださる
↓お手伝いくださる

*申される↓おっしゃる

*お伺いください
↓お尋ねください

二重敬語

「おっしゃられる」のように、敬語形式が二つ（「おっしゃる」「れる」）重なるタイプは、好ましくないので避けましょう。

問2 次の①～⑩の文について、敬語の使い方が正しければ（　）に○を書き、正しくなければ文中の間違っている部分に傍線を引き、正しい敬語を（　）に書きなさい。

①（　　　　）こちらに参られるときは、事前にお電話をください。

②（　　　　）ご不明の点がございましたら、ご遠慮なくご質問してください。

③（　　　　）寒くなりますのでくれぐれもご自愛ください。

④（　　　　）お申し込みは、月末までにお願いいたします。

⑤（　　　　）お送りいたしましたケーキ、ぜひ皆様でいただいてください。

⑥（　　　　）長らくごぶさたしておりまして、申し訳ございません。

⑦（　　　　）日程につきましては、改めてお電話なさってお伝えします。

⑧（　　　　）先日、傘をお借りになったおかげで、雨にぬれずに帰宅できました。

⑨（　　　　）まずは書面にておわび申し上げます。

⑩（　　　　）おじさまの車はいつも輝いていらっしゃって、乗るといい気分になります。

▼**問2**

①「来る」の尊敬語。

②「質問する」の尊敬語。

③「ます」は丁寧語。

④「申す」は謙譲語だが、「申し込み」は一般語。

⑤「食べる」人に対する敬意を示す。

⑥「ご○○する」「おる」は謙譲語。

⑦「電話する」のは私だから謙譲語にする。

⑧「傘を借りた」のはだれ？

⑨「お○○申し上げる」は謙譲語。

⑩「輝いていらっしゃる」ものは？

文をつなぐ練習

学習の手引き

文章は、文がつながってできています。ですから、文のつながり方は、文章を書く上でとても大切です。

前の文と次の文の間には、なんらかの関係が必要です。例えば、論理的な順序がある場合や時間的な順序が見られる場合があります。あるいは、文と文が、同じ語句で続いていたり、意味内容の上で関係があったりする場合もあります。

そして、そうした関係が明確であるほど、わかりやすくてよい文章になります。文と文の順序やつながりに気を配ってください。

問1 次のAの文に続けてB〜Dの内容を文章にするとき、述べる順番として最も適切なものを、ア〜エのうちから一つ選んで、記号に○をつけなさい。

A　このたび、けがが全快して退院することができました。

B　けがに立ち向かう気持ちのおかげで、思っていたよりも早く退院できた。

C　励ましの言葉は、けがに立ち向かう気持ちをもたらしてくれた。

D　入院中はお見舞いや励ましの言葉をもらってありがたかった。

ア　B→C→D　　イ　B→D→C　　ウ　D→B→C　　エ　D→C→B

問2 次のA〜Cの文を続けて文章にするとき、空欄①・②に入れる語句の組み合わせとして最も適切なものを、ア〜エのうちから一つ選んで、記号に○をつけなさい。

A　来月にダンスの全国決勝大会が行われます。

B　全国決勝大会の優勝を目指して、我がダンス部は猛練習に励んできました。

C　皆様には、全国決勝大会の応援にご参加くださるようお願い申し上げます。

来月にダンスの全国決勝大会が行われます。（　①　）優勝を目指して、我がダンス部は猛練習に励んできました。（　②　）、皆様には、全国決勝大会の応援にご参加くださるようお願い申し上げます。

ア　①その　②だから　　イ　①全国決勝大会の　②だから

ウ　①その　②つきましては　　エ　①全国決勝大会の　②つきましては

考えるヒント

問1

＊Aの「退院したこと」とつながる内容は？

＊BとD、あるいは、CとDに共通する言葉を探してみよう。

問2

Cに「皆様には〜ご参加くださるようお願い申し上げます」のような目上に対する表現がある。そこで、接続語を考えるときも、改まった言葉遣いが望ましい。

接続語のいろいろ

手紙文で、文と文をつなぐときによく使われる接続語（つなぎの言葉）には、次のようなものがあります。

*順接（ですから・そこで・それで・そのため）
*逆接（しかし・けれども・ところが・それなのに）
*並列（また）
*添加（そして・それに・しかも・そのうえ）
*対比（一方・逆に）
*説明（なぜなら・といいますのは）
*補足（なお・ただし・ただ・もっとも）
*言い換え（つまり・すなわち・要するに）
*例示（例えば）
*転換（さて・ところで）

問3 次のAの文に続けてB～Dの内容を文章にするとき、どの順番で述べるのがよいでしょうか。また、表現をどのように整えるとよいでしょうか。最も適切なものを、ア～エのうちから一つ選んで、記号に○をつけなさい。

A　私たち第一小学校三年二組の担任をしてくださった山口先生が、この三月で定年退職なさいます。
B　左記の要領で先生を囲む会を開催することにした。
C　思い出話とともに感謝の気持ちを伝えるために、ぜひ参加してほしい。
D　先生の定年退職を機会に、先生に改めて感謝を述べる会を催したいと考えた。

ア　先生の定年退職を機会に、先生に改めて感謝を述べる会を催したいと考えた。思い出話とともに感謝の気持ちを伝えるために、ぜひ参加してほしい。左記の要領で先生を囲む会を開催することにした。
イ　先生の定年退職を機会に、先生に改めて感謝を述べる会を催したいと考えた。そこで、左記の要領で先生を囲む会を開催することにした。思い出話とともに感謝の気持ちを伝えるために、ぜひ参加してほしい。
ウ　先生の定年退職を機会に、先生に改めて感謝を述べる会を催したいと考えました。そこで、左記の要領で先生を囲む会を開催することにしました。思い出話とともに感謝の気持ちを伝えるために、ぜひ参加してください。
エ　これを機会に、先生に改めて感謝を述べる会を催したいと考えました。そこで、左記の要領で先生を囲む会を開催することにしました。思い出話とともに感謝の気持ちを伝えるために、ぜひ参加してください。

問3
*順番は、文と文の関係に注意すること。
*表現を整えるときは、
・接続語の使用
・指示語などの言い換え
・敬語の使用
などに気をつけよう。
*Aの文に続けるので、後の文も、文末を敬体に統一すること。

学習の手引き

文章を一通り書き上げた後で必要な作業が、間違いがないかをチェックする推《すい》敲《こう》です。

推敲で基本となるのは、表記における漢字、送り仮名、仮名遣いの誤りです。

表記のミスは、正しいと思い込んでいるところで生じます。初めて読む読者になったつもりで読んでチェックしましょう。

問1 次の①～⑧の文に、漢字の誤りがあれば、傍線を引いて（　）に正しい漢字を書きなさい。誤りがなければ（　）に○を書きなさい。

① ふだん静かな人が大声を出したので以外な印象が残りました。（　　）

② その新しい提案を検討することをお願い申し上げます。（　　）

③ 盗難被害が生じたことに対して前後策を講じる必要がある。（　　）

④ 私の周りには、価値感が似た人が集まっていると思います。（　　）

⑤ 国語辞典に載っていない言葉は専問語の可能性があります。（　　）

⑥ 夏休みには、名所旧跡を尋ねる旅行をする計画を練っています。（　　）

⑦ 試合が終わっても、興奮はなかなか覚めませんでした。（　　）

⑧ 心ばかりの品物ですが、どうぞお納めください。（　　）

問2 次の①～⑦の文に、送り仮名や仮名遣いの誤りがあれば、傍線を引いて（　）に正しく書き直しなさい。誤りがなければ（　）に○を書きなさい。

① だまされて現金を危うく振り込みそうになったそうです。（　　）

② 祖母は「情は人のためならず」とよく言っていました。（　　）

③ 職人の方のお話しを伺いたくてやって参りました。（　　）

④ 来たる文化祭のために、目立つ飾り付けを考えています。（　　）

⑤ 寒さに向かう折りから、お体を大切になさってください。（　　）

⑥ 「でわ、始めます」という言葉と同時に花火が上がった。（　　）

⑦ 一人がゴミを一つずつ片づけるといいと思います。（　　）

考えるヒント

▼問1

④ 「価値カン」は「価値に対する見方」の意。

⑥ 「たずねる」には「質問する」と「おとずれる」の意味がある。

⑦ この「さめる」は「高ぶった気分が下がる」の意。

▼問2

② 「ナサケ」と読む。

④ 「キタル」と読む。

第1章 第2章 第3章 第4章 第5章 まとめ問題

失礼な表現

手紙文では、表記以外にもぜひチェックしておきたいことがあります。それは、失礼な表現がないかということです。

失礼な表現としては、敬語の誤りもありますが、それ以外に、「相手を見下した表現」があります。

例えば、目上の人に対して、「お上手ですね」と褒めたり、「頑張ってください」と激励したりすることは失礼です。いわゆる「上から目線」の物言いはよくないということです。

問3 次の①～⑧の文章には、手紙の文面としてふさわしくない表現を含んでいるものがあります。ふさわしくない表現を含んでいる場合は、その部分に傍線を引いて（　）に×を書きなさい。ふさわしくない表現を含まない場合は、（　）に○を書きなさい。

（　）① おばさまが次にいらっしゃったときには、おいしいケーキでもてなすので、近いうちにお越しいただきたいと思っています。

（　）② 同窓会は人が多いほどにぎやかになって盛り上がりますので、先生もぜひ同窓会にご参加ください。

（　）③ 私のお父さんは、私が卓球大会で入賞できたのは、指導してくださった先生のおかげだと、とても感謝しております。

（　）④ お忙しいこととは存じますが、後輩の私たちを励ます意味でお越しくだされば幸いに存じます。

（　）⑤ 入会方法の説明書をお読みいただき、おわかりになれば、ぜひ入会手続きをしてください。

（　）⑥ 亡くなった父は、私の弟に「お兄ちゃんと仲よくしろ」とよく申しておりました。

（　）⑦ 先輩、手料理をごちそうになり、ありがとうございました。ずいぶんと腕を上げられたなと感心いたしました。

（　）⑧ 先生が長年の功績によって表彰されたと新聞で知りましたが、今後もすばらしい教育を続けられることを期待しています。

▼問3

① 敬語表現に注意。

② 同窓会での先生の立場は？

③ 人の呼び方に注意。

⑤ 読んで「わかる」ためには、理解力が必要。相手の理解力を問題にすることは？

⑦・⑧ いわゆる「上から目線」。

手紙文を推敲《すいこう》する

学習の手引き

この章のまとめとして、手紙文を推敲する練習をします。

誤字に多いタイプは、同音異義語・同訓異字や字形の似ているものです。

敬語では、「尊敬語と謙譲語がまじっているもの」や「謙譲語を尊敬語だと勘違いするもの」にミスが多く見られます。

このような、ミスをしやすいものを知ってチェックすると効率がよくなります。

◆次は、ある高校生が卒業生で新進作家である先輩に出した、文化祭への出演を依頼する手紙です。これを読んで、後の問い（問1〜問4）に答えなさい。なお、手紙文では頭語・結語、時候のあいさつなどは省略してあります。

> さて、このたびは、本校の文化祭にご出演いただけないかと思い、お手紙を差し上げました。
>
> 文化祭は、十一月の第二土曜日と日曜日の二日間にわたって行われます。
>
> A
>
> 田中様のご著書『目覚めた朝』は、生き方を見つめ直す書として若い世代に支持されています。私もよく書けていると思いました。このすばらしい小説を書かれた先輩を、文化祭にお召きできることは私たちの大きな喜びです。ぜひともご出演をお引き受けしてください。後日、ご連絡を差し上げますのでよろしくお願い申し上げます。なお、詳細は別紙に記しております。

問1 文中にある誤字を指摘し、正しい字に訂正しなさい。

誤字 [　　] → 正しい字 [　　]

問2 敬語の誤りを指摘し、適切な敬語の形に訂正しなさい。

誤り [　　　　] → 適切な形 [　　　　]

考えるヒント

問題文は、手紙の本文に当たる箇所を示している。前文や末文、後付けなどもイメージしながら読んでみよう。

問1 字形に注意。

問2 相手の行為に当たるところに注意。

問3 文中には、削除したほうがよい「失礼な表現」となる一文があります。その最初の三字を書きなさい。

問4 文中の空欄Aに入る文章を、次のメモ書きの内容を入れて作成しなさい。ただし、後の条件1～4に合わせなさい。

・創立百周年記念イベントの特別ゲストとして田中さんに来てほしい。
・約一時間の講演をお願いしたいと考えている。
・今年は土曜日の午後に、創立百周年記念イベントが予定されている。

条件1　メモの順序は前後の流れに合うように考えること。
条件2　メモの表現は手紙の趣旨や内容にふさわしく書き改めること。
条件3　文の続き具合にも注意して、必要ならつなぎの言葉を補うこと。
条件4　1行25字のマス目に縦書きで、必ず3行以上、5行以内で書くこと。句読点も1字として数える。句読点が行頭にきたときは、前行末欄外にうってよい。

5　3

▼**問3** 相手を下に見ているところがないかをチェック。

▼**問4** ＊順序は、前後の流れとメモの項目同士の関係に注意。
＊つなぎの言葉は、重複する表現と接続語に注意。

第5章 論説文

第1ステップ 論説文の構成を理解する

学習の手引き

論説文（3級、4級では意見文）を書くとき、「型」を利用すると、楽に書けます。準2級でお勧めは、次の四段落で書くものです。

第一段落に「事実」
第二段落に「意見」
第三段落に「理由」
第四段落に「自分とは異なる意見とそれに対する反論」

第一～三段落は3級と同じです。第四段落では、自分とは異なる意見をとりあげ、その意見はよくないと反撃を加えます。詳しくは第4ステップで練習します。

問1 次のA～Dは論説文を構成する段落の概要です。これらを並べ替えて論説文とするとき、最も適切なものを、ア～カのうちから一つ選んで、記号に○をつけなさい。

A 小さいときに動物飼育の経験をしているとよい。

B 妹は動物好きだったが、家が狭くて飼えなかった。しかし、小学校高学年で飼育係になって、毎日のように学校に出かけて動物の世話をした。そのころから、妹は性格が明るくなり、年下の子どもたちの面倒も見るようになった。

C 動物飼育を経験すると、小さな命を守ることの大変さと、その苦労の中で動物へのいとおしさを実感することができる。そして、それによって、命そのものの大切さを知ることができ、人間として成長する。

D 動物飼育は手間がかかり難しいので、小さな子どもにさせるのは反対だという声がある。しかし、難しいからこそ、責任を持ってやろうという気持ちが芽生える。また、何も子どもが一人だけでする必要はなく、親や先生など周りの大人と一緒に経験してもよいのだから、何も問題はないはずだ。

ア A→C→B→D　**イ** A→C→D→B
ウ A→D→C→B　**エ** B→A→C→D
オ B→A→D→C　**カ** B→C→A→D

考えるヒント

問1 A～Dのそれぞれが「事実」「意見」「理由」「自分とは異なる意見とそれに対する反論」のどれに当たるかを考えよう。そして、準2級の論説文の型に合う順序に並べ替えればよい。

「自分とは異なる意見とそれに対する反論」は、「意見」とは異なる立場からの意見を提示し、それに反論を加えているもの。

「論説文」と「意見文」

3級、4級では「意見文」と言ってきましたが、準2級では「論説文」と名づけています。それは、準2級では、より論理的な文章を求めているからです。

準2級の論説文では、3級の意見文の文章構成に、第四段落が加わっています。第四段落では、自分と立場の異なる意見、つまり自分とは反対の意見を、わざわざとりあげて、それは間違っていると否定するのです。

要するに、自分と対立する考えを否定することで、自分の意見を補強するわけです。それによって、より論理的な文章になって、説得力が強くなるのです。

問2 論説文の段落構成として適切なものを、ア・イのうちから一つ選んで、記号に○をつけなさい。

ア

1 レポートに必要な本を図書館で借りようとしたが、他人が借りていたために借りられず、とても困った経験をした。

2 本は一種の情報とみなせる。情報は、いつでも必要なときにすぐ利用できてこそ意味がある。本をいつでも使えるためには、買って自分のものにしておく必要がある。

3 本は買うより借りるほうが経済的だという意見もある。しかし、必要な本を借りるために探し回る時間、手間、交通費を考えれば、借りるほうが経済的とも言い切れない。

4 本は借りるより買って読むほうがよい。

イ

1 遠くにいる祖父が、誕生日祝いに好物の果物を送ってくれた。お礼状を書いて送ったところ、祖母から電話があり、祖父がとても喜んで、手紙を毎日眺めているということだった。

2 お礼を述べるのには、電話よりも手紙がよい。

3 電話は後に残らない。その点、手紙は書いたものが残るので、感謝の気持ちが形になって残り、相手に長く覚えていてもらえる。

4 お礼を述べるのは、電話のほうが手紙より早く伝えられるのでよいという意見もある。しかし、お礼で最も大切なことは、感謝の気持ちを伝えることである。電話でそのときに思ったことを述べるより、十分考えて手紙にするほうが感謝の気持ちが十分に込められる。お礼は早ければよいというものではない。

▼問2

アとイのどちらが、準2級の論説文の型の条件に合っているか。

ア 次のことを考えてみよう。

＊「意見」はどれか。

＊「自分と異なる意見」とは何のことか。

イ 「自分と異なる意見」をとりあげているのはどれか。

論説文の事実を考える

学習の手引き

論説文では、第一段落で「事実」を述べます。最初に「事実」を述べるのには、理由があります。最も大きな理由は、第二段落で述べる意見に結びつけるためです。その「事実」の部分を読んだだけで、次に来る「意見」に賛成したい気持ちになるようなものがよいのです。

問1 次の「意見」を支える「事実」として最も適切なものを、ア〜オのうちから一つ選んで、記号に○をつけなさい。

意見 「自転車に乗っているときは、スマートフォンを見るべきではない。」

ア 昨日、近所の商店街でスマートフォンを見ながら自転車に乗っている人を見かけた。歩行者とぶつかったりしたら、どうなるのだろうかと思うと、とても怖かった。事故が起こった場合、自転車に乗っていた人はどのような責任を問われるのだろうか。

イ 昨日、近所の商店街でスマートフォンを見ながら自転車に乗っている人を見かけた。もう少しで事故が起きそうになった。

ウ 近年、スマートフォンを見ながら自転車に乗っている人が増えている。本人たちは、その行為がどれほど危険な行為であるかを自覚していないようだ。しかし、大変危険なのでやめるべきである。

エ 商店街では、自転車は降りて押して歩いてくださいという広報活動をしている。しかし、その効果はあまりないらしい。去年、その商店街で、自転車に乗ってスマートフォンを見ていた人が関係した事故は、全部で三件あったということだ。

オ 昨日、近所の商店街でスマートフォンを見ながら自転車に乗っている人を見かけた。本人は画面に気を取られるのか、前方をちらちらと見ている程度である。そのとき、お店から買い物客が出てきて自転車に気づいたが、自転車のほうは気づかず、もう少しで事故が起きそうになった。

考えるヒント

問1 まず、意見を支えていることが最低の条件。

次に、意見をより強く支えるためには、事実の具体性が大切。

ア 事実と言えるか。

イ オとの違いは？

エ 事実を述べているけれど……。

ブレーン・ストーミング

ある題目について、頭の中にある経験、知識、考えなどを、たくさん取り出すことをブレーン・ストーミングと言います。論説文の事実を思い出すときに、これを使ってください。そのとき思い出すことは、

＊題目と少しずれていても気にしない。

＊書き出したことから、さらに思いついたことでもよい。

＊当たり前のことでもよい。

という気持ちで、できるだけ多く取り出すことを目指しましょう。

問2 次の「意見」を支える「事実」を、思いつくままにできるだけたくさん箇条書きで書き出してみましょう。

意見 「他人の好意は素直に受けるのがよい。」

問3 問2で書き出した中から、「意見」を支えるのに最もふさわしい「事実」を選んで、○をつけなさい。また、「事実」を第一段落に書くときに留意すべきポイントを、ア～オのうちから二つ選んで、記号に○をつけなさい。

ア 第二段落の意見の立場が納得できるように書く。

イ なるべく簡潔に要約して書く。

ウ 筆者の気持ちを強く表現する。

エ 事実を具体的に述べるようにする。

オ 自分の意見と反対の意見の両方を紹介する。

▼問2

次のようなことも思い出してみよう。

＊「好意で親切にしてあげようとしたのに、断られてしまった」というような経験はなかったか。そのときの気持ちはどうだったか。

＊ドラマや小説で、他人の好意を素直に受け取るシーンで感動したことはなかったか。

学習の手引き

「理由」は「意見」と合致したものでなければなりません。論理的に合っているということです。

例えば、「健康のために早起きをしよう」という意見の場合、「早起きすると気持ちがいいから」という理由ではダメです。意見には「健康のために」とあり、「気持ちよくなるため」ではないからです。

また、「理由」は説明になっていることも必要です。「早起きすると健康にいいから」では、単に意見を言い換えているだけで説明したことになりません。

問1　次の「意見」に対する「理由」の述べ方として最も適切なものを、ア〜エのうちから一つ選んで、記号に○をつけなさい。

意見　「地球温暖化をくい止めるために再生紙を利用しよう。」

ア　古紙を再生した紙を利用することが増えているようだ。包装紙にも「再生紙を利用しています」という表示がなされているものを見かけることがある。再生紙は、新しく作った紙に比べると、白さが足りないと思われがちだが、技術の進歩でほとんど変わらないようになっている。だから、再生紙を利用するとよい。

イ　紙には、木材パルプから作った紙以外に、古紙を利用して作る再生紙がある。再生紙を使うと地球を温暖化から守れると言われている。再生紙をもっと利用すれば、地球温暖化をくい止められるのである。

ウ　新しく紙を製造するとき、原料の木材パルプを得るために森林伐採が行われる。森林が減少すると、地球に温室効果をもたらす二酸化炭素が増えて、地球温暖化の原因となる。木材パルプからではなく、古紙から作った再生紙なら、森林伐採は不要である。よって、一人一人が再生紙の利用を少しでも増やせば、地球全体では大きな量になる。地球を温暖化から守るのに、古紙を利用した再生紙を使うことは意味がある。

エ　地球温暖化を防ぐ一つの方法は、紙をなるべく使わないことである。ところが、私たちが使う紙の消費量は少なくない。それをもっと意識することが必要だ。つまり、個人が紙の使用を節約すれば、世界中では大量の紙の節約ができる。紙をもっと大切に使うようにすることが必要だ。

考えるヒント

▼問1

まず、「意見を論理的に説明しているか」をチェックしよう。

次のものはダメ。

＊意見と矛盾している。

＊意見の全体をカバーしていない。

＊意見とずれている。

エ　要約すると「地球温暖化を防ぐには紙を大切に使おう」。

「理由」を述べるときの注意

「理由」は、右ページで述べたように、「意見」と合致していることが最も大切です。しかし、それだけでなく、「事実」とも関連していると、より説得力のある論説文になります。

例えば、「敬語を正しく使おう」という意見で、「事実」に「敬語を間違って使ったために誤解されたこと」を書いたとします。その場合、「理由」には「敬語を正しく使えると、成績が上がるから」ではなく、「敬語を間違えると誤解が生じて人間関係が損なわれるおそれがあるから」と、事実と関連させて書くのです。

問2 次の「事実」と「意見」に対する「理由」の述べ方として最も適切なものを、ア〜エのうちから一つ選んで、記号に○をつけなさい。なお、「事実」はその要旨をまとめたものです。

事実 「友人に少額のお金を貸したが、お金は返してもらえなかった。その後、そういうことが何度か繰り返された。最終的にその友人に信頼が置けなくなって付き合いをやめてしまった。」

意見 「友人間での金の貸し借りはしないほうがよい。」

ア 友人にお金を貸すと問題が起こることは、よくあることである。先日、テレビのワイドショーで、友人から借りたお金を返せずに困ったあげく、貸してくれた友人を殺害しようとした犯人が捕まった、という事件がとりあげられていた。

イ 友人にお金を貸すことは、妹や弟にお金を貸すのとは違う。家族の場合は、なかなか返してくれなくても、いつも近くにいるので簡単に催促ができる。しかし、友人の場合はすぐに催促できないことが多いし、借りた側も忘れてしまうことも起こる。だから、友人にお金を貸すのは考えものである。

ウ お金の貸し借りは、借りる側と貸す側で大きな意識の違いがあるからである。お金を借りる側は、借りるときはとてもありがたいと思うが、借りた後は、そのときのありがたさを忘れがちである。しかし、貸したほうは、貸したことを忘れることはない。ここに大きな意識の差が生まれるのである。

エ 友人からお金を借りた側には「友人だから」という甘えの気持ちが起こる。しかし、貸した側には、その甘えは、迷惑にすぎず不信につながる。その双方の気持ちがエスカレートすれば、大事な友人関係が壊れてしまう。

▼問2

「意見」と合っているだけでなく、「事実」の内容とも合っているものを探そう。

ア 理由として説明されているか。

イ 友人と家族の比較になっている。

ウ 事実との関連はあるか。

異なる意見とそれに対する反論

学習の手引き

ここで練習するのは、論説文における第四段落です。「自分の意見とは異なる意見をとりあげ、それに反論する」という段落です。

基本的な書き方としては「××という意見もある。しかし、○○」という形式です。××は、自分と対立する立場の意見です。例えば、自分が賛成の意見を述べているなら、反対の立場からの意見です。○○には、××を否定する反論を述べます。

なお、××は、単に反対だというのではなく、理由をつけて反対だとするほうが「反論」がうまく書けます。

問1 次の「事実」「意見」「理由」を踏まえて、「異なる意見とそれに対する反論」の述べ方として最も適切なものを、ア〜ウのうちから一つ選んで、記号に○をつけなさい。なお、「事実」と「理由」はそれぞれ要旨をまとめたものです。

事実　「マニュアル通りの応対をしている店で、マニュアルにはない特別な要望を伝えたが、できないと言って断られた。」

意見　「マニュアルは、ないほうがよい。」

理由　「客の要望を無視するマニュアル方式は、客を大事にするという商売の基本から外れているから。」

ア　一方、マニュアルによる接客は、客に応じて違った応対をしないので、客に公平感を与えてくれるのでよいという意見もある。しかし、同時にそれは、心の通い合いがなく冷たい感じがするという批判もある。

イ　ただし、客の要望に合わせてマニュアルを改善すればよいので、マニュアルをなくす必要はないという意見もある。しかし、マニュアルとは、個々の要望に特別な応対を考えないためのものだから、マニュアルが要望で改善されることはない。改善できるならば、それはもはやマニュアルではない。改善すればよいというのは、マニュアルをなくす考えと同じである。

ウ　それでも、やはりマニュアルはあったほうがよいという意見もあるだろう。たしかに、あったほうが便利かもしれない。しかし、マニュアル通りに接客されて、特別な要望を無視された客のことを考えると、やはりマニュアルはないほうがよい。

考えるヒント

問1　まず、「異なる意見をとりあげ、それに反論する」という形式になっているかをチェックする。そのために、次のことに着目しよう。

＊「異なる意見」はどれか。

＊「異なる意見」は自分の意見と違う立場か。

＊「反論」はどれか。

＊「反論」は「異なる意見」を論理的に否定していると言えるか。

ア　「異なる意見（公平感を与えてくれるからよい）」を否定しているか。

ウ　「異なる意見」として上手な書き方か。「反論」になっているか。

「異なる意見とそれに対する反論」を書くコツ

「異なる意見」は、まず、自分と反対の立場からの考えであることが必要です。その立場に立って、「異なる意見」になりそうなものをブレーン・ストーミング（55ページ参照）を利用して書き出します。その際、「○○だから賛成（または反対）だ」のように理由をつけて書き出すのがコツです。いくつか書き出せたら、そのうちから反論を述べられるものを選べばいいのです。

なお、「反論」において、「理由」ですでに述べたことを繰り返すのは、反論としての意味がありません。

問2 次の「事実」「意見」「理由」に対して、「異なる意見とそれに対する反論」を考えます。「異なる意見」を左に示すものにするとき、それに続く反論として最も適切なものを、ア～ウのうちから一つ選んで、記号に○をつけなさい。なお、「事実」と「理由」はそれぞれ要旨をまとめたものです。

事実 「電車に、赤ちゃんを抱いた女性が乗ってきた。優先席は高齢者が座っていた。優先席以外の人はだれも席を譲ろうとしなかった。」

意見 「優先席を設けるのをやめるべきだ。」

理由 「優先席があると、座席を必要とする人の席は優先席だけで、それ以外の席は譲らなくてよい席だと考える人が出てくる。優先席がないほうがお互いに譲る精神が養われるから。」

異なる意見 「ただし、優先席がないと、だれが席を譲るべきかが決まらないので、かえってみんなが席を譲らなくなってしまうから、優先席はあるほうがよいという意見もある。」

ア しかし、優先席があっても、座席を必要とする人に優先席以外の人が席を譲ってあげることはできる。また、優先席がなくても席を譲ることはできる。だから、優先席は必要ないのである。

イ しかし、優先席があれば、そこが座席を必要とする人の席だと考え、それ以外の人は席を譲らなくなる。優先席がないほうがお互いに譲る精神が養われることになる。

ウ しかし、本来、だれが譲るかの順番は決まっていない。すべての人が席を譲ろうとするのが望ましい。つまり、優先席がなくてもみんなが譲るようにすればいいので、だれもが席を譲らなくなってしまうからという論理は成り立たない。

▼問2

「異なる意見」が主張しているところを、「反論」が否定しているかどうかをチェックしよう。

ア 「異なる意見」の主張を否定しているか。

イ 「理由」と比べてみよう。

学習の手引き

ここまで、論説文の型を理解し、その後、「事実」の書き方、「理由」の考え方、「異なる意見とそれに対する反論」の考え方について練習してきました。

ここでは、一つのテーマをとりあげて、四つの段落で論説文を作り上げる実践的な練習をします。

手順に分けて行いますので、論説文を作り上げる手順そのものも理解するようにしてください。

第5ステップ　論説文を書く手順

◆次の条件で論説文を書くことを考えなさい。ただし、次ページ以降の手順（問A～問I）に従って答えなさい。

条件　テーマ「漫画がテレビドラマ化されたものは、原作を読んでから見るほうがよい」について、賛成か、反対（＝原作を読まずに見るほうがよい）かのどちらかの立場に立って、論説文を書きなさい。ただし、「事実」「意見」「理由」「異なる意見とそれに対する反論」の四段落で構成しなさい。

【参考】論説文を書く手順は、次の図のようになっています。

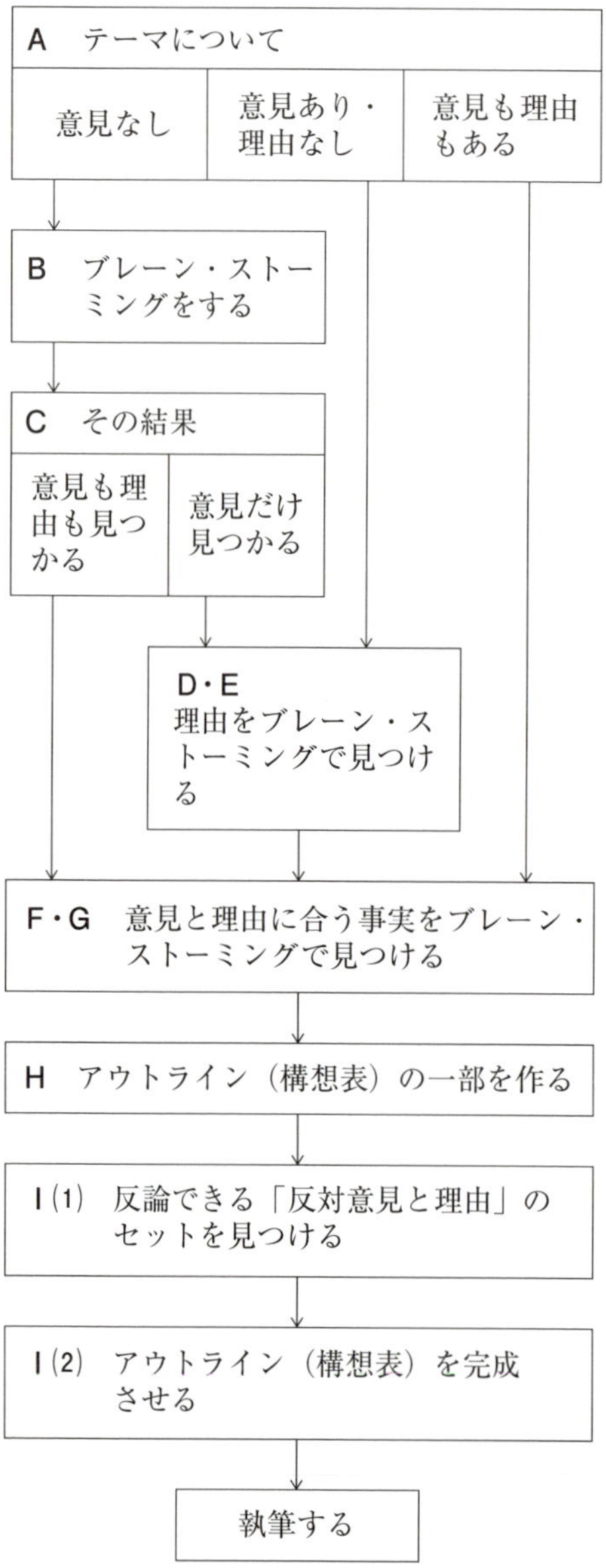

考えるヒント

上の図で手順を確認しよう。

A～Iは、後の問いに対応している。

ブレーン・ストーミングのコツ

55ページで、経験や知識などを思い出すとき、ブレーン・ストーミングが役立つと述べました。ここでも、それを使います。

コツの一つに、題目を変形して考えるという方法があります。例えば、このページの「漫画」を自分が実際に読んだ漫画「○○」に置き換えて考えます。すると、より具体的なイメージがわきます。あるいは、「小説」に置き換えて、小説と漫画でどう違うかを考えます。それによって、漫画の場合の特徴が見つかります。

問A テーマについて、次の①〜③から一つ選び、（　）の中に○をつけて、矢印（↓）で示された問いへ進みなさい。

（　）① 意見（賛成または反対）も、その理由もある ↓ **問F**へ

（　）② 意見（賛成または反対）はあるが、理由は不明確 ↓ **問D**へ

（　）③ 意見なし ↓ **問B**へ

問B 「漫画がテレビドラマ化されたものを、原作を読んでから見ること」の長所と短所を思いつくままに箇条書きで書き出しなさい。書き終えたら問Cへ進みなさい。

▼問B

原作を読んでから見ることのよい点、よくない点を考えるのはもちろん、「原作を読まずにドラマを見ることと何が違うか」という視点でも考えよう。

理由を考えるために

論説文の「理由」は、「意見」を論理的に説明することが求められます。そのために、次のように考えましょう。

例えば、意見が「Xすることに賛成だ」だとします。このとき、

・Xすることの長所
・Xしないことの短所

を考えます。そして、「賛成するのは、Xすることに○○という長所があるから」と述べるか、「賛成するのは、Xしないことには××という短所があるから」と述べます。よりうまく説明できるほうを選んでください。

問C 問Bの箇条書きの中に、「漫画がテレビドラマ化されたものを、原作を読んでから見ること」について賛否を決めるヒントがないかチェックしましょう。ヒントがあれば、それに基づいて意見を決め、左のわくの（　）に「賛成」または「反対」と書きなさい。箇条書きの中にヒントがない場合は、問Bに戻り、箇条書きを増やしましょう。

> 「漫画がテレビドラマ化されたものは、原作を読んでから見るほうがよい」という意見に（　　　　）だ。

賛成または反対の理由まで考えられたら問Fへ進みなさい。
賛成または反対の理由を考えられない場合は問Dへ進みなさい。

問D 意見（賛成または反対）を支える理由になりそうなことを、箇条書きで書き出してみましょう。書き終えたら問Eへ進みなさい。

考えるヒント

▶問D 自分の意見がなぜ正しいと言えるのかを考えてみよう。

また、自分と反対の意見がダメだと思うのはどういう点にあるのか、についても考えよう。

理由の述べ方

「理由」は、「事実」と関連させてあると、より説得力のあるものになります。

「料理はレシピを見ながらするとよい」に賛成の論説文の場合を考えます。第一段落の事実に、「レシピを見ながらパスタ料理を作った。次にどうしたらよいかを迷うことが、タイミングよく書かれていて上手に作れた。」と書くとします。

これに対して、第三段落の理由に「レシピは、作る人が迷うことがなくスムーズに作れるように工夫されたものである。だから、その通り作れば失敗しない。」と、第一段落と関連させるとよいのです。

問E 問Dで書き出した中から、理由として説明しやすいものを選んで、○をつけなさい。その後、問Fへ進みなさい。

問F 意見（賛成または反対）と理由に関係のありそうな経験や知識を思い出して、次に箇条書きでメモしましょう。書き終えたら問Gへ進みなさい。

問G 問Fで書き出した中から、意見（賛成または反対）を支えられる経験や知識を選んで、○をつけなさい。その後、問Hへ進みなさい。

▼問F 意見と理由にぴったり合う経験や事実はないかと考えてみよう。

問H　ここまでに考えたことを整理して、次のアウトライン（構想表）に書き込みなさい。Ⅱ意見の（　　）には、「賛成」または「反対」と書き、Ⅰ事実（経験や知識）とⅢ理由の空欄には、選んだ事実と理由を簡単に書きなさい。Ⅳ異なる意見とそれに対する反論の空欄Ａ・Ｂは、次ページで考えます。

Ⅰ　事実

[　　　　]

Ⅱ　意見

「漫画がテレビドラマ化されたものは、原作を読んでから見るほうがよい」という意見に（　　　　）だ。

Ⅲ　理由

[　　　　]

Ⅳ　異なる意見とそれに対する反論

Ａ [　　　　]

という意見も考えられる。しかし、それに対しては、

Ｂ [　　　　]

という反論ができる。

アウトライン

アウトラインは「構想表」などとも呼ばれるもので、文章をどのように構成するかを示すものです。いわば、文章の設計図のようなものです。

ここでは、論説文を構成する四段落を作り上げます。

考えるヒント

問H　ここまでに、すでに書き込んでいたり、○をつけたりしているものをもとに、アウトラインの空欄Ⅰ・Ⅱ・Ⅲを埋めよう。

異なる意見とそれに対する反論

「異なる意見」と「反論」を考えるときは、まず、「異なる意見」を考えます。そのとき、ブレーン・ストーミングでいくつか書き出してみるのがいいのです。

そして、その一つずつに対して反論が思いつけるかどうかを考えるのです。考えついたものが複数あれば、その中で書きやすいもの、説得力のあるものを選びます。

もし、反論が思いつけなければ、「異なる意見」に戻って考えましょう。

問1　右のアウトラインに付け加える第四段落の空欄AとBに入る内容を考えます。Aは自分の意見とは異なる意見で、Bは、その異なる意見に対する反論です。それらを考えるために、次の(1)と(2)に取り組みなさい。

(1)　自分が「漫画がテレビドラマ化されたものは、原作を読んでから見るほうがよい」という意見に賛成の人は、反対する立場から、「こういう理由では反対できる」というものを、思いつくままに、次に箇条書きで書き出しなさい。（自分が反対だという人は、「こういう理由では賛成できる」というものになります。）

(2)　右に書き出したもののうち、それに対して、反論できるものを探します。見つけられたら、その項目を右ページの空欄Aに書き込みなさい。そして、それが否定できる説明を空欄Bに書き込みなさい。

〈第6ステップへ続く〉

▼問1

(1)　箇条書きで書く場合、「○○という理由では反対（賛成）できる」という形で書いてみよう。

例「あらすじを知って、ドラマを見るとおもしろくないという理由で、原作を読まずにドラマを見るほうがよい」

(2)　書き出した項目の「○○という理由で」の○○に対して、反論できるかを考えるとよい。右の(1)の例であれば、傍線部について反論できないかと考える。例えば、あらすじを知っていても、おもしろい場合はないかなどと考えるのである。

学習の手引き

第5ステップでは、「漫画がテレビドラマ化されたものは、原作を読んでから見るほうがよい」というテーマについて考え、論説文の内容を作り上げてきました。

このステップでは、それらを使って、論説文の構成を考え、実際に論説文を書いてみましょう。

問 64ページのアウトラインと、前ページまでの材料を踏まえて、次の原稿用紙に「漫画がテレビドラマ化されたものを、原作を読んでから見ること」について、賛成か反対のどちらかの立場に立って、論説文を書きなさい。次の条件を守ること。

条件1　論説文は、次の順番で四つの段落に分けて書くこと。

第1段落　出来事・体験・知識を述べる。

第2段落　意見を述べる。

第3段落　意見の根拠を論理的に説明する。

第4段落　第2段落の意見とは異なる意見をとりあげて、その意見が正しくないことを説明する。

条件2　1行25字のマス目に縦書きで、必ず18行以上、26行以内で書くこと。句読点も1字として数える。句読点が行頭にきたときは、前行末欄外にうってよい。

26
18

第1問 次の問い（問1・問2）に答えなさい。

問1 次の1～3は【 】内の四字熟語やことわざ・慣用句を用いて作った短文です。意味の上でも用法の上でも最も適切に使われているものを、ア～エのうちから一つずつ選んで、記号に○をつけなさい。

1 **【気宇壮大】**

ア 人の失敗をとがめず、その失敗をともに反省して次に生かそうとするような、**気宇壮大**な人物になりたい。

イ 初めて見たアルプスの山々は**気宇壮大**で、自然に比べると人間がいかに小さな存在かを思い知らされた。

ウ 社長は、世界中に自社製品を輸出しようと言ってしきりに**気宇壮大**しているが、社員はあまり乗り気ではない。

エ 彼は、世界一の科学者になって、人類の歴史を変えるような大発明をしたいという**気宇壮大**な夢を語った。

2 **【金科玉条】**

ア 試合前にコーチがかけてくれた「大丈夫」という一言は、私には**金科玉条**の価値があった。

イ 私は、「今を誇れる人間になれ」という恩師の言葉を**金科玉条**として、日々を送っている。

ウ パスカルは、「人間は考える葦《あし》である」などの**金科玉条**を残した思想家である。

エ 「迷ったときはまずやってみる」という教えを忠実に**金科玉条**している彼は、何事にも積極的だ。

3 **【一も二もなく】**

ア 昨日通信販売で注文した商品が、今日の午後には**一も二もなく**届いていた。

イ 文化祭の出し物についての彼の提案は実現性が高く、何より面白そうだったので、**一も二もなく**賛成した。

ウ この一か月の生活は学校と家とを往復するばかりで、遊びにも行かず、**一も二もなく**単調だった。

エ 自分に生徒会長が務まるかどうかさんざん悩んだが、よく考えた末に、**一も二もなく**立候補することを決めた。

問2　次の1～3の文には誤りがあります。それはどのような誤りですか。最も適切なものを、ア～エのうちから一つずつ選んで、記号に○をつけなさい。

1　**明日が晴れなら予定通りサイクリングに行くつもりだが、雨なら映画に見に行こうと思う。**

ア　主語ではない「明日」に、主語を表す格助詞「が」を用いているのが誤り。
イ　文の前半と後半が相反する内容となっていないのに、逆接を表す接続助詞「が」でつないでいるのが誤り。
ウ　「雨」という体言に対して、助動詞「だ」の仮定形である「なら」を用いているのが誤り。
エ　「映画」に対して、場所や目的を表す格助詞「に」を用いているのが誤り。

2　**ここで強く申し上げたいのは、皆様の温かいご支援があってこそ、ここまで会社を大きくすることができました。**

ア　「ここ」という指示語が示す内容が、「ここで」と「ここまで」でそれぞれ異なっているのが誤り。
イ　副助詞「こそ」の前にある動詞が、連体形になっていないのが誤り。
ウ　「申し上げたいのは」という主語に対応する述語がないのが誤り。
エ　「大きくすることができました」という述部に対応する主語がないのが誤り。

3　**昨夜の強く風雨のため、昨日植えたばかりのトマトの苗も根こそぎ倒れてしまった。**

ア　体言である「風雨」を修飾する語として、連用形を用いているのが誤り。
イ　「風雨」という好ましくない事柄に対して、利益があることを表す「ため」を用いているのが誤り。
ウ　「昨日」のことなのに、動作が完了して間もないことを表す「ばかり」を用いているのが誤り。
エ　並立する事柄がないのに、「トマトの苗」に対して「も」を用いているのが誤り。

第2問　次は、ある会社の社員が、自社で開発中の商品について書いた文章です。これを読んで、後の問い（問1～問3）に答えなさい。

図　モニター調査による評価

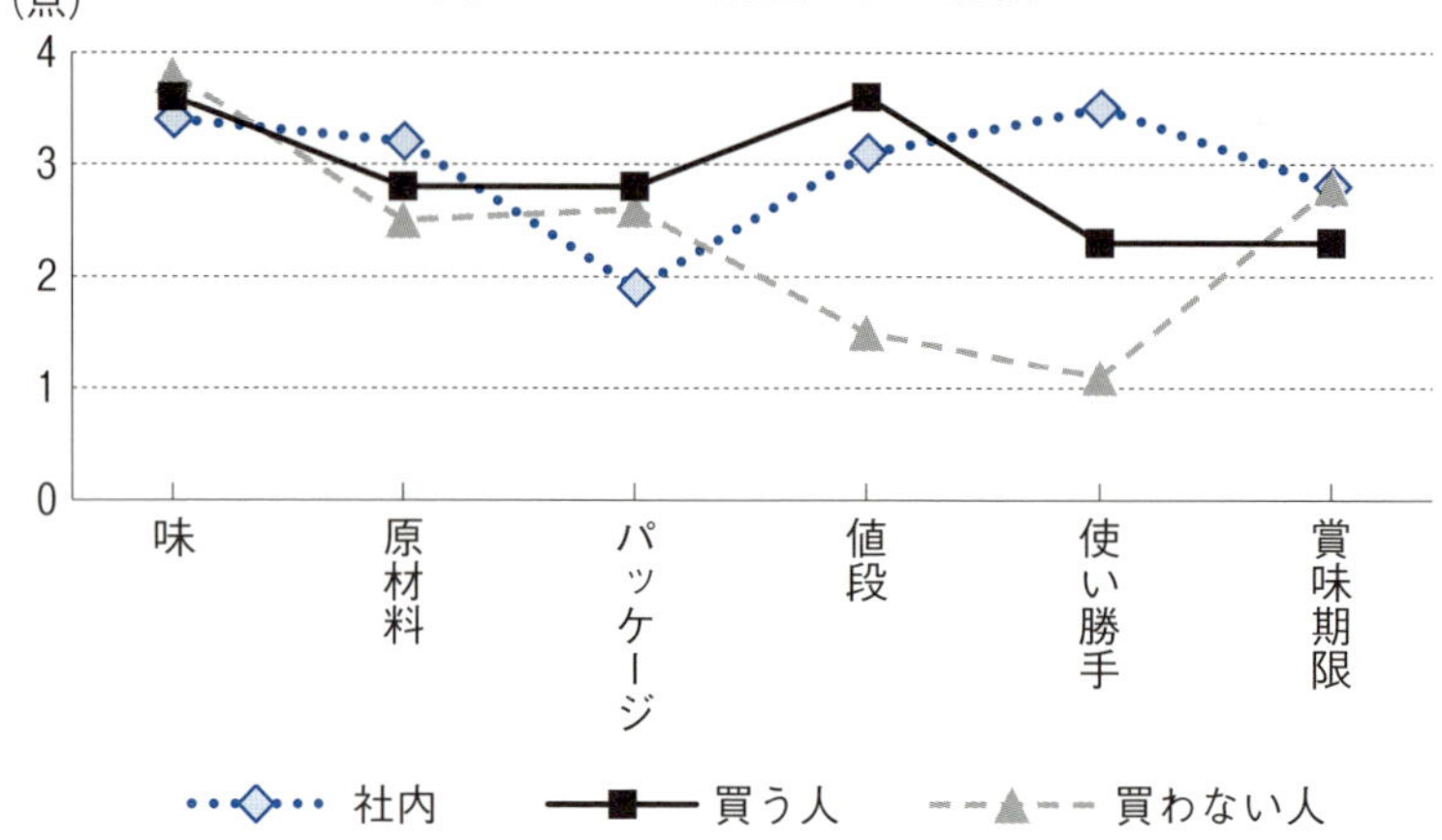

当社で開発中のレトルト食品について、モニター調査を行った。この調査では、商品の「味」、「原材料」、「パッケージ」のデザイン、「値段」、調理がしやすい・その商品を使った料理のアレンジに幅があるなどの「使い勝手」、「賞味期限」の長さという6項目について、「よい（4点）」「まあよい（3点）」「普通（2点）」「やや悪い（1点）」「悪い（0点）」の評価を尋ねている。

図は、モニター調査参加者のうち、実際に商品が発売されたとき「買うと思う」と答えた人51人と、「買わないと思う」と答えた人48人の平均値をまとめたものだ。さらに、社内開発部員36人の評価も同時に示した。

図を見ると、［　①　］であることがわかる。「値段」の場合、評価が高ければ「適正な値段である、安いと感じる」ことを、低ければ「高いと感じる」ことを表している。「味」や「原材料」「パッケージ」に対する評価は「買う人」も「買わない人」も同程度であるため、その商品に見合った値段であると感じるかどうかが、購買意欲を直接左右しているものと思われる。

さらに、「使い勝手」の評価を見ると、「買う」人の評価が「普通」である2点を上回っているのに対し、「買わない」人は2点を下回る低評価である。この差も、購買意欲に関わっていると考えられる。「買わない」人は、「使い勝手」の悪さから商品の価値を低く見るため、「値段」が商品に見合っていないと考える傾向が強まるのではないだろうか。

また、この「使い勝手」に関しては、社内での評価とモニター参加者の評価が食い違っている点も注目される。つまり、［　②　］ということだ。

以上から、今後は商品の「使い勝手」に焦点を当てて改良を進めるのがよい。調理の手順や方法を見直すとともに、アレンジ例をパッケージに示すなどして、使いやすく便利な商品であることをアピールし、商品の価値を高めるべきだ。それにより、現在の価格設定でも、商品に見合った値段だと感じる人が増えることが期待される。

問1　文中の空欄①に入る内容として最も適切なものを、ア～エのうちから一つ選んで、記号に○をつけなさい。

ア　「買う人」と「買わない人」の最大の違いは、「使い勝手」への評価

イ　「買う」人と「買わない」人を分ける最大の要因は、「値段」

ウ　「味」「原材料」「賞味期限」については、モニター参加者の評価と社内での評価がほぼ同じ

エ　「値段」に対する「買う人」の評価は、社内での評価より上

問2　文中の空欄②に入る内容として最も適切なものを、ア～エのうちから一つ選んで、記号に○をつけなさい。

ア　現時点での商品は、開発部員が考えているほど、使いやすくはない

イ　開発部員よりも、モニター参加者のほうが、商品の「使い勝手」がよいと感じている

ウ　「買う人」は「使い勝手」がよいと感じているが、「買わない人」は悪いと感じている

エ　現在の「使い勝手」に対して、商品につけた値段が高すぎる

問3　この文章はどのような目的で書かれたものだと考えられますか。最も適切なものを、ア～エのうちから一つ選んで、記号に○をつけなさい。

ア　モニター調査の結果をもとにして、消費者の購買意欲と商品の値段との関係を考察する。

イ　モニター調査の結果を根拠として、開発部員と消費者との意識の違いを指摘する。

ウ　モニター調査の結果をまとめ、商品に対する社内の評価を改めるよう訴える。

エ　モニター調査の結果から、開発中の商品の問題点を見いだし、今後の開発方針を提案する。

第3問　次の文章を読んで、後の問い（問1～問3）に答えなさい。

東日本大震災で、我々は自然の猛威を実感した。自然は人間の想定を軽々と超えて、人の命や生活のすべてを根こそぎ奪っていく。①自然の持つ力は脅威であり、また、その力のあまりの強大さには、畏敬《いけい》の念すら覚えることもあるだろう。【段落A】

だが、自然による破壊をそのままにしておくわけにはいかない。今、震災からの復興は着々と進んでいるが、そこには二つの流れがあるように感じる。一つは、②強大な力を持つ自然に真っ向から立ち向かい、これを屈服させようとする流れ、もう一つは、自然に寄り添い、これに逆らわずやり過ごそうとする流れだ。【段落B】

前者は、たとえば防潮堤の建設などに代表される。防潮堤とは、海岸に高い壁を築くことで津波の侵入を防ぎ、まちや人を守ろうとするものだ。津波の進む道をせき止め、その流れを変えようというのだから、これは、自然に立ち向かう考え方のもとにあるものだ。一方、後者は、高台に住宅を建設したり、より効率的な避難経路を考えたりすることを例として挙げることができる。こちらは、津波の流れをそのままに受け止めつつ、その被害をできるだけ避けようとする考え方だ。【段落C】

ダムの建設や護岸整備などを言うまでもなく、人間はこれまで、自然の脅威を克服すべく知恵を絞り、そのための技術を進歩させてきた。だから、その技術を結集させ、③地震や津波に打ち勝つまちづくりを目指すのは、人間の進歩の正しい帰着点であろう。だが一方で、人には昔から育んできた精神がある。自然の中に神を見いだし、自然を畏《おそ》れ敬いながらその恩恵に感謝するという、共存の考え方だ。【段落D】

新しいまちづくりでは、④自然災害による被害をできるだけなくすことが大前提になる。だがその中においても、自然と寄り添って生きていくという、古くからの精神風土を忘れてほしくはない。今ある二つの流れを両輪として、自然の脅威を克服しつつも、自然と共に生きることのできる復興を願っている。【段落E】

問1　段落Bが果たしている役割として最も適切なものを、ア〜エのうちから一つ選んで、記号に◯をつけなさい。

ア　文章の中心となる問題を提起している。

イ　文章の中心となる話題に入る前の導入を行っている。

ウ　文章で中心的にとりあげる話題を示している。

エ　文章を理解するために必要な知識を解説している。

問2　段落D・Eはどのような関係ですか。最も適切なものを、ア〜エのうちから一つ選んで、記号に◯をつけなさい。

ア　段落Dの内容が、段落Eの前提となっている関係

イ　段落Dの内容を、段落Eが補足している関係

ウ　段落Dと段落Eが、ともに同じ役割を持った並列の関係

エ　段落Dと段落Eで、相反する内容を述べた対立の関係

問3　傍線部のように言い換えた内容として最も適切なものを、ア〜エのうちから一つ選んで、記号に◯をつけなさい。

ア　波線部①と②

イ　波線部②と③

ウ　波線部③

エ　波線部④

第4問　次は、ある演劇サークルの代表者が、ファンの一人にあてて書いたお礼の手紙です。これを読んで、後の問い（問1・問2）に答えなさい。なお、手紙文では頭語・結語、時候のあいさつなどは省略してあります。

さて、先日は私たちの定例公演にお花と差し入れをお贈りくださり、ありがとうございました。

お花は、公演の会場に飾らせていただきました。会場が華やかになり、ご来場くださったお客様の目も楽しませてくれたものと思います。また、差し入れのクッキーは打ち上げの場で召し上がりました。とてもおいしく、クッキーの甘さが公演後の疲れをいやしてくれるようでした。公演はとても疲れるものなので、甘いお菓子はよい差し入れだったと思います。サークルのメンバー一同、お心遣いに大変感謝しております。

A

次回公演の承細が決まりましたら、サークルのホームページでお知らせいたします。またご観劇いただけましたら幸いです。

問1

1　文中にある誤字を指摘し、正しい字に訂正しなさい。

2　敬語の誤りを指摘し、適切な敬語の形に訂正しなさい。

3　文中には失礼な表現となるため削除したほうがよい一文があります。その最初の三字を書きなさい。

問2　文中の空欄Aに入る文章を、次のメモ書きの内容を入れて作成しなさい。ただし、後の条件1～4に合わせなさい。

・基礎的な練習ばかりだが、熱心に取り組んで頑張れるのは、応援してくださる人がいるからだと感じていること。
・次回の定例公演に向けて練習を始めたこと。
・まだ脚本ができあがっていないので、基礎的な練習ばかりだが、どのメンバーも熱心に取り組んでいること。

条件1　メモの順序は前後の流れに合うように考えること。
条件2　メモの表現は手紙の趣旨や内容にふさわしく書き改めること。
条件3　文の続き具合にも注意して、必要ならつなぎの言葉を補うこと。
条件4　1行25字のマス目に縦書きで、必ず3行以上、5行以内で書くこと。句読点も1字として数える。句読点が行頭にきたときは、前行末欄外にうってよい。

注意　行数不足または行数超過の場合は採点の対象となりません。

●解答欄

問1
1　誤字　□　→　正しい字　□
2　誤り　□　→　適切な形　□
3　□□□

問2
（25字×5行の解答用マス目）
5　3

第1章　第2章　第3章　第4章　第5章　まとめ問題

第5問　プレゼントとして、自分の好みではない品物をもらうことがあります。これについて、「自分の好みではない品物をもらったときは、それを別の人にあげてもいい」という意見と、「自分の好みではない品物をもらったときでも、別の人にあげるべきではない」という意見があります。どちらかの立場に立って、論説文を書きなさい。次の条件を守ること。

条件1　論説文は、次の順番で四つの段落に分けて書くこと。

第1段落　出来事・体験・知識を述べる。

「自分の好みでない品物をもらったとき」について、あなたの意見を支える出来事・体験・知識を述べる。

第2段落　意見を述べる。

自分の好みでない品物をもらったとき、「それを別の人にあげてもいい」か「別の人にあげるべきではない」のどちらか、意見を明確に述べる。

第3段落　意見の根拠を論理的に説明する。

第4段落　第2段落の意見とは異なる意見をとりあげて、その意見が正しくないことを説明する。

条件2　1行25字のマス目に縦書きで、必ず18行以上、26行以内で書くこと。句読点も1字として数える。句読点が行頭にきたときは、前行末欄外にうってよい。

注意　行数不足または行数超過の場合は採点の対象となりません。

●解答欄

26 18

文章読解・作成能力検定（文章検）について

文章検の 位置づけ

―文章検というのは、どういうものですか。

文章検は、ふだんの生活の中で、**他人とのコミュニケーションを円滑に行える能力を鍛えるための道具**と考えてください。

―検定というから、文章能力を測定するものではないのですか。

もちろん、文章能力を測定する働きもあります。しかし、それだけで終わってしまうのはつまらなくありませんか。能力は鍛えれば伸びるものです。そこで、能力を測って認定するだけでなく、それをきっかけに、さらに力を伸ばしてもらえる道具にしようと考えました。

文章検の レベル設定

―文章検は、どのようなレベル分けになっていますか。

4級、3級、準2級、2級の4段階があります。詳しくは左ページの表を見てください。少しずつステップアップできるようになっています。ただし、**単に語彙《ごい》が難しくなるのではなく、質的にアップ**しています。

―「質的にアップ」とはどういうことですか。

文章で表現することを考えてみましょう。最初のレベルは、自分の言いたいことを文章にできるレベル、つまり、自分を表現できるレベルです。

―それができればいいのではないですか。

言いたいことを書いても、読んだ人に通じなければ意味がありません。ですから、次のレベルは、自分の言いたいことをきちんと相手に伝えられるレベルです。さらに次は、自分が述べたことを相手が納得して行動してくれるレベルとなります。これが質的向上の意味です。

―では、上のレベルでは、他人を説得できるということですか。

そうです。もちろん、どんな場合にでも、というわけにはいかないと思います。でも、**他人の気持ちまで考えた文章は、読み手に誤解させずに言葉を届けることができ、読み手の心を動かすことができます**。そういう技術を学んで身につけることを、文章検は目指しています。

文章検の 活用

―文章検は、学校の勉強に役立ちますか。

もちろん役立ちます。文章を書くとき、他人が書いた文章を読み解く力も必要です。文章検で勉強すれば、読む力も書く力も備わるのです。さらに言えば、話すことや聞くことにも応用できます。ですから、**国語だけでなく、すべての教科の力を押し上げてくれます**。

―では、社会に出ても役に立つのですね。

その通りです。今の社会では、何よりコミュニケーション能力が求められています。**自分の言いたいことを伝え、相手の思いを理解することが、仕事をする上でとても重要**です。そして、それは当然、社会で生きていくためにも必要なことなのです。

文章検についてのさらに詳しい情報はホームページ（https://www.kanken.or.jp/bunshouken/）をご覧ください。

▼級のレベル

級	程度（レベル）
4　級	読む・書く活動を円滑に行い、基礎的な知的言語活動を行うために必要な文章読解力及び文章作成力。
3　級	高校での積極的な理解・表現活動、知的言語活動のために、あるいは、実社会におけるコミュニケーション活動を行うために必要な文章読解力及び文章作成力。
準2級	より高度な学習を目指すために、あるいは、実社会での有効なコミュニケーションを実現するために必要な文章読解力及び文章作成力。
2　級	高等教育で高度な教養を主体的に身につけるために、あるいは、社会人として求められる文章作成を行うために必要な総合的な文章読解力及び文章作成力。

▼審査のポイント

4　級

基礎力	語彙《ごい》	漢検4級程度の語句の意味が理解でき、文脈に応じた語句を選別できること。
	文法	文法的な意味や働きを理解できること。
読解力	意味内容	段落や文章の要旨を理解できること。
	資料分析	資料が示す意味を理解できること。
	文章構成	文章の中で文や段落が果たす役割を理解できること。
作成力	構成	文や文章を構成する要素を正しく配列できること。
	表現	文法的・意味的に正しい文を書けること。／表記や文体に配慮できること。
	総合	「事実の報告」と「意見」との二つの部分によって意見文を作成できること。／日常、必要とされる通信文を、与えられた条件のもとで書けること。

3　級

基礎力	語彙	漢検3級程度の語句・慣用表現の意味が理解でき、文脈や意味に応じた語句・慣用表現を選別できること。
	文法	表現において、文法的な違いが果たす意味・役割を理解できること。
読解力	意味内容	段落や文章の要旨を理解できること、及び、筆者の意図を理解できること。
	資料分析	資料から読み取れることを整理できること。
	文章構成	文章構成を把握し、筆者のねらいが理解できること。
作成力	構成	文章の材料や要素を、文章の目的に応じた構成に配列できること。
	表現	文法的・意味的に正しい文を書けること。／敬語を正しく使えること。／表記や文体に配慮できること。
	総合	「事実の報告」、「意見」、「意見の正しさの論証」の三つの部分によって意見文を作成できること。／日常、必要とされる通信文を、与えられた条件のもとで書けること。

準2級

基礎力	語彙	漢検準2級程度の語句・慣用表現の意味が理解でき、文脈や意味に応じた語句・慣用表現を選別できること。
	文法	表現において、文法的な違いが果たす意味・役割を理解できること。
読解力	意味内容	段落や文章の要旨を理解できること、及び、筆者の意図を理解できること。
	資料分析	資料から読み取れる事実をもとに、考えを整理できること。
	文章構成	文章構成を把握し、筆者のねらいが理解できること。
作成力	構成	文章の材料や要素を、文章の目的に応じた構成に配列できること。
	表現	文法的・意味的に正しい文を書けること。／敬語を正しく使えること。／表記や文体に配慮できること。
	総合	「事実の報告」、「意見」、「意見の正しさの論証」、「異なる意見をあげて反論する」の四つの部分によって、論説文を作成できること。／さまざまな通信文を、与えられた条件のもとで書けること。

2　級

基礎力	語彙	漢検2級程度の語句・慣用表現の意味が理解でき、文脈や意味に応じた語句・慣用表現を選別できること。
	文法	表現において、文法的な違いが果たす意味・役割を理解できること。
読解力	意味内容	段落や文章の要旨を理解できること、及び、筆者の意図を理解できること。
	資料分析	資料から読み取れる事実をもとに、考えを整理できること。
	文章構成	文章構成を把握し、筆者のねらいが理解できること。
作成力	構成	文章の目的に適した材料を選んで、それを効果的な構成に配列できること。
	表現	効果的な表現法を使えること。／文法的・意味的に正しい文を書けること。／敬語を正しく使えること。／表記や文体に配慮できること。
	総合	文章を読んで、課題を読み取り、「事実の報告」、「意見」、「意見の正しさの論証」、「異なる意見をあげて反論する」の四つの部分によって、論説文を作成できること。／さまざまな通信文を、与えられた条件のもとで書けること。

● 本書に関するアンケート ●

今後の出版事業に役立てたいと思いますので、
下記URLのアンケートにご協力ください。
抽選で粗品をお送りします。
https://www.kanken.or.jp/bunshouken/textbook/step.html

スマートフォンからも
アンケートにお答えいただけます。
右のバーコードからアクセスしてください。

基礎から学べる！ 文章力ステップ 文章検準2級対応

2020年5月30日　第1版第5刷　発行
編　者　公益財団法人 日本漢字能力検定協会
発行者　髙坂　節三
印刷所　三松堂株式会社

発行所　**公益財団法人 日本漢字能力検定協会**

〒605-0074　京都市東山区祇園町南側551番地
☎(075)757-8600
ホームページ https://www.kanken.or.jp/

Printed in Japan
ISBN978-4-89096-351-5 C0081

文章検
文章読解・作成能力検定

文章検 準2級 対応

基礎から学べる！

文章力ステップ

別冊 解答・解説

本体からはなしてお使いください。

漢検 公益財団法人 日本漢字能力検定協会

700351 (1-5)

第1章 語彙《ごい》・文法

第1ステップ 語句の正しい意味

本冊6～9ページ

解答

問1 ①ア ②ウ ③ウ ④イ ⑤エ
問2 ①イ ②エ ③ア ④イ
問3 ①エ ②ウ ③イ ④エ ⑤ウ ⑥ア ⑦ア ⑧ウ
問4 ①ウ ②イ ③ア ④イ ⑤ア ⑥エ ⑦ウ

解説

問1 ①「健康維持」「現状維持」などと使います。**ウ**「以前からの物事を受け継ぐこと」は「継承」と言い、**エ**「正常な状態を保つこと」は「保守」と言います。

②「軽率」は「深く考えず、その場のはずみで物事を行う様子」を表します。**ア**「考えが浅く、不誠実な様子」は「軽薄」と言い、**イ**「早まった考え」は「早計」と言います。

③「妙」は「極めてよい」という意味です。

④「手腕を発揮する」などと使います。**ウ**「道具の性質や能力」は「性能」と言い、**エ**「本来持っている優れた力」は「本領」と言います。

⑤「恩恵」は「受ける人のためになるように与えられる物事」です。「自然からの恩恵」などと使います。

問2 ①「足が早い」は「食物などがすぐに腐ってしまう」ということです。**ウ**「特に目的を決めず、気の向くままに歩くこと」は「足に任せる」、**エ**「興奮や緊張で浮ついて、落ち着かないこと」は「足が地に着かない」という慣用句があてはまります。

②「花」は「最もよい事柄」のたとえとして使われる語で、「言わぬが花」は、「言わないことが最もよい」という意味となります。「言わないほうが情緒がある、言わないほうがよいことがある」といった意味で使われることわざです。**ア**「何の根拠もないでたらめである」という意味を表す言葉には、「根も葉もない」という慣用句があります。

③「人跡」は、「人が通った跡」のこと。「未踏」は、「まだだれも足を踏み入れていないこと」なので、「まだだれも訪れたことがない」という意味になります。

④自分は無知であると、謙遜《けんそん》して使う言い方です。反対の意味を持つ四字熟語に「博学多才」があります。**ウ**「取るに足りない大勢の人々」は「有象無象」と言います。

問3 ①**ア**「推理」は、証拠をもとに論理的に答えを導くときに使います。**イ**「憶測」は、自分勝手に推しはかることです。**ウ**「拝察」は、目上の人の様子や思いを推察するときに使います。

②**イ**「非難」や**エ**「批判」に「問いつめる」という意味はありません。**ア**「追求」は、目的とするものを追い求めるときに使われます。

③ **ア**「荘重」、**エ**「荘厳」は、いずれも重々しい雰囲気を表しますが、「人」に使うことはありません。**ウ**「厳格」は、「きまりや道徳にきびしく、不正を許さないことやその様子」を表します。

④ **ア**「余剰」、**ウ**「余分」は「あまり」、**イ**「余日」は「その日以外の別の日」という意味です。

⑤ **ア**「自負」は、「プライド」のことです。**イ**「厚顔」は、「厚かましい様子」を表すときに使います。

⑥ **イ**「先鋭」は、「鋭くとがっていること」を表しますが、「よく切れる」という意味は含まれません。**ウ**「鋭敏」は、「人の性質が鋭く賢い様子」を表すときに使われる言葉です。**エ**「精鋭」は、「多くの中から選んで抜き出された、優れた人」を指します。

⑦ いずれも「受け入れる」ことや「承知する」ことを表す言葉です。**ア**「甘受」は「やむを得ないこととして受け入れる」ことを、**イ**「快諾」は「喜んで承知する」ことを表します。

⑧「模範解答」「模範例」のように、複合語として使われる場合もあります。**イ**「ひな型」は「書類などの形式の見本」の意味です。

問4

① **ア**「堂に入る」は「熟練して身についている様子」を表します。「経験を積んでふさわしくなる様子」という意味が含まれるのは**ウ**「板につく」です。

② **ウ**「手を握る」は、「握手をする」という動作から、「協力して物事に当たる」「仲直りする」という意味を表します。

③ **イ**「青菜に塩」は、青菜に塩をかけるとしおれるように、「しょんぼりと元気のない様子になる」ことを言います。**ウ**「馬の耳に念仏」は、馬にありがたい念仏を聞かせても意味がないように、「どれだけ意見をしても全く効果がなく、意味のないこと」のたとえです。**エ**「猫に小判」もこれに似ており、「価値のあるものを与えても、本人にはその値打ちがわからないこと」のたとえです。

④ **ウ**「深謀遠慮」は「将来のことまで考えて、周到にはかりごとをする」という意味です。**エ**「一知半解」は「物事を中途半端にしか理解していないこと」を表します。

⑤ **イ**「波乱万丈」は「大きな変化が何度もある様子」、**ウ**「色即是空」は、「この世の物質的な存在はすべて空であること」、**エ**「急転直下」は「様子が突然変化して、解決や結末に向かう様子」を表します。

⑥「首尾」は、「最初から最後まで」という意味で、それが「一貫」しているということです。**ア**「徹頭徹尾」の「頭」と「尾」もそれぞれ「最初」「最後」を表しており、「徹頭徹尾」で「最初から最後まで」という意味になります。**イ**「旧態依然」は、「もとのままで変化や進歩がない様子」を表します。**ウ**「頑固一徹」は、人の性質を表す言葉で、「自分の態度や考え方を変えようとせず押し通す様子」を言います。

⑦ **ア**「難攻不落」は、「攻撃が難しく、たやすく陥落しないこと」を言い、「難攻不落の城」などと使います。**イ**「難行苦行」は、「難しく、苦しい修行をすること」です。ここから「ひどい苦労をすること」という意味も持ちます。

語句の正しい用法

本冊10～13ページ

解答

問1 ① イ　② ウ　③ イ　④ エ　⑤ ア
⑥ エ　⑦ イ　⑧ ウ　⑨ イ　⑩ ア
⑪ イ　⑫ エ　⑬ ア　⑭ ア　⑮ エ

問2 ① ア　② ウ　③ エ

問3 ① イ　② ア　③ イ

解説

問1 ① **ア**「気配」は「漠然と感じられる様子」を言います。「喉《のど》の痛みや鼻水」といった明確なきざしが見られるので**イ**「徴候」が適切です。

② **ア**「負荷」や**イ**「重荷」は「仕事や責任の量」という意味です。**エ**「分担」は「分かち合ってになうこと」なので、問題の「送料の全額」をになう場合には不適切です。

③ **ア**「逃避」は、「困難などを避けること」ですから、「容疑者が逃げる」という場合には使いません。**ウ**「敗走」は「負けて逃げ出すこと」、**エ**「脱走」は「束縛されている場所から逃げ出すこと」なので、問題の文脈では不適切です。

④ **エ**「輩出」は「優れた人材を次々と世に送り出すこと」という意味なので、問題の文脈に合います。**イ**「産出」も「世に出す」という意味がありますが、主として「物」に使われる語であり、政治家という「人」に対しては用いません。

⑤ **イ**「遵守」は「法などに従い、守ること」なので、この問題の文脈には不適切です。**ウ**「先例」、**エ**「慣行」は「○○する」という形では使いません。

⑥ **ア**「併用」、**ウ**「混用」は「二つ以上のものを用いること」という点で共通の意味を持ちます。ただし、「併用」は、「二つ以上のものを同時に用いること」、「混用」は「種類が違う別のものをまぜて用いること」を表し、意味内容に違いがあります。**イ**「共用」と**エ**「兼用」は「用いるものが一つである」という点では共通します。しかし、「二つ以上の用途で用いる」という意味を持つのは「兼用」のほうです。

⑦ **イ**「微力」は、自分の力量を謙遜《けんそん》して言う表現です。「力を尽くして頑張る」という問題の文脈では**イ**が適切です。

⑧ 「体つきがすらりとしている」ことを表す場合は、**ア**「スリム」と**ウ**「スマート」の両方を使うことができます。しかし「振る舞い」については「スマート」しか使えません。この場合の「スマート」は、「洗練されている。あかぬけている。気が利いている」という意味になります。

⑨ **ア**「フィット」は「寸法や大きさ、形などが体に合う」という意味ですから、「部屋の雰囲気とインテリア」が合う場合には不適切です。

⑩ 「旧交」については「温める」を使います。「旧交を温める」で、「旧友と久しぶりに会って懇談する」「昔からの交際を再開する」という意味になります。

⑪ **イ**「押しも押されもせぬ」が正解です。近年は「押しも押されぬ」という言い方も広まっていますが、正しくは「押しも押されもせぬ」という形です。

⑫ 無理だと言うということは、先生でも「あきらめる」ような難問だということですから、**エ**「さじを投げる」が正解です。**ア**「幕を引く」は「物事を終える」、**イ**「腹をくくる」は「覚悟を決める」、**ウ**「けむに巻く」は「相手の知らないことを並べたててごまかす」という意味です。

⑬ **ア**「乗りかかった船」が正解です。一度岸を離れた船からは、降りることができません。「乗りかかった船」は、「途中でやめることはできない」ことを表すたとえとして使われます。

⑭ 「根拠のないでたらめ」という意味の四字熟語は、**ア**「事実無根」です。**イ**「空理空論」は、「現実とかけ離れた、役に立たない理論」を表すので、この問題の文脈では不適切です。

⑮ **ア**「少壮気鋭」は「意気盛んで将来が期待される若者」のことですから、この問題の文脈には不適切です。**イ**「威風堂々」は「威厳があって立派な様子」を表します。問題の文脈に入れてもよさそうに見えますが、「威風堂々な」という言い方はしません。

問2

① 「浸透」は、「考え方や習慣などが徐々に広まること」で、**ウ**の「物資」には不適切です。また、**エ**のように、特定の個人に伝わることを「浸透する」とは言いません。**イ**は、悪いことが広がっている状態なので、「横行」があてはまります。

② 「脈絡」は「物事のつながりや筋道」という意味ですが、「構成」という意味にはなりません。したがって、レポートや映画、小説の「構成」「あらすじ」などを表した**ア**・**エ**は不適切です。また、**イ**のような、「血縁」という「つながり」について「脈絡」は使いません。

③ 「多忙」は「非常に忙しいこと」なので、**エ**が正解です。**ウ**も「非常に忙しい」という意味で「多忙」を使っていますが、「多忙する」という動詞の形では使わないため、不適切です。**イ**の「山の天気」には、「せわしなく」「めまぐるしく」という語があてはまります。

問3

① 「後生大事」は「物事を大切にすること」ですが、「人を大切にする」場合には使いません。**ア**は不適切です。また、**ウ**のように「後生大事がる」という形では使いません。**エ**は「後生大事」の意味を取り違えています。

② 「意気揚々」は、「得意な様子」を表すので、**イ**や**ウ**の文脈では不適切です。また、**エ**のように「意気揚々する」という形では使いません。

③ 「一言《いちごん》」は「一つの言葉」、「半句」は、その「一言にも足りないわずかな言葉」のことで、「一言半句」で「ほんのわずかな言葉」という意味になります。俳句や政治家が「語る」のは「一言」以上の言葉ですから、**ア**・**ウ**は不適切です。**エ**のような文脈には、「半句」という語があてはまりません。「一言《ひとこと》」と言うほうが適切です。

第3ステップ　文法的な正しさ　本冊14～17ページ

解答

問1　①ウ　②イ　③ア　④ア　⑤イ　⑥エ　⑦イ

問2　①イ　②イ　③エ　④ウ　⑤ウ　⑥ア　⑦エ　⑧エ

解説

問1

① **ア・イ・エ**は、ヒントに示した主語（主部）に対して、それぞれ「ボランティア活動です」「（書いた）ものです」「怖かった」という述語（述部）があります。**ウ**の「習慣は」に対しては「（欠かさない）ことだ」が必要ですが、それが抜けています。

② **イ**は「絡み合っ（て）」という動詞（用言）を、「複雑な」という連体形が修飾しているので、不適切です。用言を修飾する場合は「複雑に」とすべきです。

③ **ア**は、「明日」という未来のことを述べるのに過去形を用いているため、不適切です。**ウ**には「時」を明確に表す語がありませんが「触ってしまった」という過去形と、「引っかかれた」の過去形が矛盾せずに対応しています。

④ **ア**は「あたかも」とあるので、これに呼応する「～のようだ」が使われていなければなりません。**イ**の「まい」は「ないだろう」と同じ意味なので適切です。**エ**は、一見「少しも～ない」という呼応がないように見えますが、「疑わず」の「ず」が、打ち消しの助動詞「ぬ」の連用形なので、正しく呼応しています。

⑤ **イ**の「のに」の後には、前に述べられた事柄に対して「対立する、意外性のある事柄」が述べられます。「映画を見たことがない」に対立する、意外性のある事柄は「結末を知っている」ことでしょう。しかし、**イ**はそうなっていないので不適切です。**イ**は「のに」を「ので」とすると適切です。

⑥ **エ**では、「日本」が出発点となります。「から」も起点を表す格助詞ですが、後に「後にする」があるので、ここは、同じく起点を表す「を」とすべきです。**ア**「英語を話せます」の「を」は「が」と言い換えても構いません。**ウ**「エサが食べたい」の「が」を「を」と言うこともできます。また、**イ**「彼の」は「彼が」でも正しい文になります。

⑦ **イ**では、「先生が私を褒めてくれた」のですから、「先生が褒めてくださった」とすべきです。または、「私が先生に褒めてもらった」という「私」の視点に立ち、「先生に褒めていただいた」としても正しい文になります。

問2

① 「きっかけ」は事柄ですから、「きっかけは」という主語に対応する述語は「知り合ったことだ」であるべきです。主述の対応が誤っているので、**イ**が正解です。

② 「忠告」は体言ですから、これを修飾する「厳しく」は連体形の「厳しい」であるべきです。**イ**が正解です。

③ 過去のことを述べているので、「過ごす」を「過ごした」という過去形にしなければなりません。**エ**が正解です。

④ 「必ずしも」という副詞は「～ない」という打ち消し表現

と呼応します。この呼応が正しくないので、**ウ**が正解です。述部を「生み出すことになるとは限らない」などとし、打ち消しの表現を加えれば正しい文になります。

⑤「しかった」という前半の内容に対して、「にもかかわらず」でつながれた後半の内容が不適切ですから、**ウ**が正解です。後半を「いたずらをやめなかった」という内容に訂正するか、「にもかかわらず」を「ので」などの順接表現に訂正すると、正しい文になります。

⑥ **ア**が正解です。「水族館において」見ることができたのですから、「水族館で」「水族館にて」という助詞を使うのが正しい形です。

⑦ **エ**が正解です。「親切な人が」を主語とする場合は、「譲ってくれた」になります。また「私」を視点とする場合は、「親切な人に譲ってもらった」にするのが正しい形です。

⑧ 使役を表す形が間違いです。使役の助動詞には「せる」と「させる」があります。「せる」は五段活用とサ行変格活用の動詞の未然形に接続し、「させる」はその他の動詞の未然形に接続します。この問題の「読む」は五段活用の動詞ですから、「せる」を使って「読ませる」とするのが正しい形です。したがって、正解は**エ**です。

第2章 資料分析

第1ステップ レーダーチャート

本冊18・19ページ

解答

問1 ウ　問2 エ　問3 ア

解説

問1 ①の前の部分では、Aランチの結果が正五角形に近い形をしていると述べています。よって、①には、そのことがどういう意味を示すかという内容が入ります。正五角形に近いことは、どの項目の評価も同程度であることを意味するので、正解は**ウ**です。

問2 ②の前の部分では、Bランチが「味」「食材」「見た目」がよいとあって、「短所として」と続いています。ですから、②にはBランチのよくない項目が入るはずです。Bランチでよくない項目は、グラフから「価格」と「満腹度」だとわかります。よって、正解は**エ**になります。

問3 最後の段落の一文目に「この結果から、AランチとBランチそれぞれに特徴があることがわかった」とあり、Bランチの特徴について述べていました。したがって、正解としては、Aランチの特徴を述べているものを探します。すると、**ア**が見つかります。なお、**エ**で「正五角形でないことが問題である」とありますが、たとえ正五角形であっても、項目の数値が低ければ悪いことになります。よって、**エ**は誤りです。

第2ステップ　帯グラフ

本冊20・21ページ

解答

問1　イ　**問2**　イ　**問3**　ウ

解説

問1　空欄は、グラフの「そう思わない」という回答について述べているところです。空欄の後に「高校生のほうが中学生よりも、旧来の考え方から脱している人が多いと見られる」とあります。空欄は、これに合う内容であるべきです。よって、高校生と中学生の回答の比較を述べている**イ**が正解になります。

問2　傍線部Aは、性別での比較と中高生での比較の結果が類似しているという意味です。そして、直前では「そう思わない」という回答の結果について述べています。そこから、傍線部Aは、「そう思わない」と回答した男女での比較の結果が、中高生での比較の結果と類似しているということになります。よって、正解は**イ**です。

問3　傍線部Bの前の部分に、「同じ調査を、数年間繰り返し行って、いつも今回と同じような結果が認められるとなると」という条件が述べられています。この条件は、直前の第四段落の内容を踏まえています。第四段落では、一回の調査結果を一般化して解釈することはできないと述べています。それに対して、傍線部Bは、一回だけでなく、同じ調査を繰り返し、毎年同じような結果が出た場合です。その場合にどのように考えられるかの結論が、傍線部Bにあてはまります。同じ結果が繰り返し出ることは、その結果がある程度一般化できるということです。つまり、「男は仕事、女は家庭」という考え方について、高校生は中学生よりも「そう思わない」人が多く、女子は男子よりも「そう思わない」ようになる時期が早いことが、傾向として存在すると推測できるということです。よって、正解は**ウ**です。

第3ステップ　散布図

本冊22・23ページ

解答

問1　ウ　**問2**　エ　**問3**　ア

解説

問1　①は、調査した七種類の文章が、グラフでプロットされた位置によって、三つのグループに分けられると説明しているところです。①は、インタビュー、小説、エッセー、投書のグループですから、相対的に漢字比率は低く、平仮名比率は高いと言えます。よって、正解は**ウ**です。**ア**は漢字比率だけ、**イ**は平仮名比率だけについて述べていて、事実としては間違いではありませんが、文章の中に入れると三つのグループの違いをきちんと説明できないので適切ではありません。

問2　②には、実用記事を除いたときに見てとれる傾向の内容が入ります。**ア**は事実としては正しい内容ですが、この部分は、漢字比率と平仮名比率の関係について述べているところなので、

エが正解です。「右下がり」が、「漢字比率が増加すると平仮名比率が減少する」関係を意味しています。

問3 この文章では、まず、段落Aで「漢字と仮名の比率は、文章の種類によってどのように違うのか」と問題を提起し、段落Bで、それを調べた方法を述べています。段落Cでは、調査結果をどのようにグラフ化したかを述べ、段落Dでは、グラフから読み取れることを述べています。そして、段落Eでは、段落Dにさらに追加したことを述べています。以上の構成を踏まえると、段落B・C・D・Eの関係にあてはまるものは**ア**です。

第4ステップ 二つのグラフ

本冊24・25ページ

解答

問1 ア　**問2** エ　**問3** ウ

解説

問1 ①の前の部分には、図1の行動者率の高低に関する記述があり、後の部分には「仕事などで時間的なゆとりがないため」と続いています。ですから、①には、時間的なゆとりのない層における、ボランティア活動の行動者率の高低に関することが入ると考えられます。時間的なゆとりがないということは、常識的にボランティア活動はなかなかできませんから、①には行動者率が低くなっている内容が入るはずです。すると、正解は**ア**になります。

問2 ②・③は、図2について述べたものです。②は「まちづくりのための活動」についてで、「男女とも」とあるので、**ウ**「5%を超えている」、**エ**「10%を超えている」があてはまります。③は、女性における「子どもを対象とした活動」の比率についてで、男性の5・5%と比較していますから、**ア**と**エ**の「2倍近い」があてはまります。よって、②・③ともにあてはまる**エ**が正解です。

問3 この文章の最後の段落で、筆者は、「ボランティア活動は時間的な制約で制限されるが、関心の高いことには熱心に取り組める」というまとめを述べています。つまり、「時間的な制約」と「関心の高いこと」がボランティア活動に影響すると考えられます。言い換えれば、「時間的な余裕」と「関心の高さ」が必要だと筆者は考えているということです。したがって、正解は**ウ**です。

第5ステップ 表

本冊26・27ページ

解答

問1 エ　**問2** イ　**問3** エ

解説

問1 ①・②は、犬好きの人の文章と猫好きの人の文章における、表の数値の大きな違いを述べているところです。①は犬好きが猫好きよりも比率が高いもので、②はその逆です。表を見ると、前者は「形容詞・形容動詞・副詞・連体詞」で、後者は「動詞」があてはまります。よって、**エ**が正解です。

問2 ③・④は、前後の文章を読むと、犬好きと猫好きがそれぞれ、自分のペットのどういう点を自慢するかという内容が入るはずです。そこで、その前の部分を読むと、「犬好きは姿、形を自慢し、猫好きは動作、動きを自慢している」とあります。ですから、それにあてはまる**イ**が正解です。

問3 最初の段落の問題提起は、「犬好きの人と猫好きの人の文章に、その人の性格の違いが表れるのか」ということです。この調査の結果でわかったことは、犬好きが犬の姿、形を自慢し、猫好きが猫の行動やしぐさを自慢したがっていることでした。その事実を発展させて考えれば、犬好きは外見を大事にする性格、猫好きは行動を重視する性格と言えるかもしれません。しかし、この文章で、筆者はそこまで説明していません。したがって、自慢したい事柄はわかるが、それ以上はわからない、ということになります。よって、正解は**エ**です。

第3章 文章読解

第1ステップ 文脈における言葉の意味

本冊28・29ページ

解答

問1 ア　**問2** イ　**問3** エ

解説

問1 「果たして」は、「案の定」「思った通り」という意味で、結末が予想通りだったことを表しますから、**ア**が正解です。「果たして～だろうか」と、疑問形を伴う場合は「一体」という意味になります。

問2 選択肢は、いずれも「守る」という意味を持つ語ですが、「皮膚を守る」という場合には、**イ**「保護」が適切です。**ア**「保全」は、環境や財産などを「保護して安全な状態にすること」、**ウ**「守備」は「敵の攻撃に備えて守ること」、**エ**「愛護」は動物などを「愛情を持ってかわいがり、かばって守ること」という意味です。

問3 傍線部中の「これ」とは「カバの汗が赤いのは皮膚を保護するため」という直前の文の内容を指します。言い換えれば「暑いときの体温調節ではないため」ということです。皮膚の保護は暑さや寒さに関係なく行わねばならないため、寒い冬でも汗をかくのは不思議ではありません。これが「道理＝筋が通っている」ということですから、**エ**が正解です。

第2ステップ　指示語・接続語をとらえる　本冊30・31ページ

解答
問1 イ　問2 イ　問3 ウ

解説

問1 「おかげで」は、接続の言葉としてよく使われます。「初もうで＝正月」と「甘酒」が強く結びついた結果、「甘酒＝正月の飲み物」という印象を受けたのですから、**イ**が正解です。

問2 ①の前後は「冬の味覚」と「夏の飲み物」という逆の内容となっているので、①には逆接が入ります。②は「栄養がある」ことと「力がわくと感じる」をつなぐ言葉ですから、因果関係を示す語句が適切です。③は、甘酒を「栄養ドリンク」にたとえているので、「いわば」が適切です。

問3 波線部aは現代の話、波線部bは江戸時代を振り返っている話なので、「江戸時代の人が知っていたかどうか」を問題にする内容ではありません。波線部dは、「江戸時代の人の実感」を述べているので、これは「知っていること」になります。文章の意味内容から判断して、正解は波線部cの**ウ**です。

第3ステップ　段落の要点をとらえる　本冊32・33ページ

解答
問1 ア　問2 ウ　問3 ア

解説

問1 段落Bは、「博覧強記の人は賢い」という段落Aの内容を、具体例を挙げながら補強するものですから、**ア**が正解です。

問2 段落Cで述べられているのは「博覧強記でいる必要はそれほどない」ということです。さらにその理由として「検索すればよい」という内容も述べられています。この二点をまとめた**ウ**が正解です。コツの話は補足の説明なので、要点をまとめる場合には省きます。

問3 波線部aは、段落Cの内容から得られた筆者の見解を述べたものです。これをさらに具体的に細かく言い換えたものが波線部dです。比べると、aのほうがより短い言葉で端的に筆者の見解を伝えているので、要点とするにはaが適切です。よって、**ア**が正解です。波線部bとcは、a・dを言うときの条件を述べた「但し書き」のような部分ですから、要点とするのは不適切です。

第4ステップ　文・段落の役割をとらえる　本冊34・35ページ

解答
問1 エ　問2 イ　問3 ア

解説

問1 この文章は、桜前線に関する筆者の疑問をとりあげたものです。段落Aは、「前線」についての話題から「桜前線」というキーワードを導いて、筆者の疑問へとつなげていますから、導入の役割を持っているといえます。**エ**が正解です。

問2 この文章は、段落Aを導入として、段落Bで筆者の疑問を提示し、段落Eでその疑問への解答を示したものです。段落C・Dは解答の根拠となる事実を説明した部分です。

問3 波線部aは、直前の「これは何を意味するか」という問いに解答したものです。bは「と言ってもいい」とありますから、このaを言い換えたものとなります。cはbの中にある「同じ特徴、同じ性質」の具体例を挙げたものです。以上から、正解は**ア**です。

第5ステップ 段落関係をとらえる

本冊36・37ページ

解答

問1 ア **問2** イ **問3** エ

解説

問1 この文章について、各段落の要点と役割をまとめると、次のようになります。

【段落A】 横断歩道のデザインは、昔と今とで違っている。
(＝話題の提示)

【段落B】 デザインが変わり始めたのは一九九二年で、ハシゴ型の縦線が削除されるようになった。なぜか。
(＝疑問の提示)

【段落C】 横断歩道の塗料によって、路面にでこぼこができる。(＝解答の前提となる事実の説明)

【段落D】 でこぼこによる水はけの悪さや騒音を解消することが、縦線削除の目的。(＝疑問への解答①)

【段落E】 さらに、経費や手間の削減というメリットが得られることも縦線削除の理由。(＝疑問への解答②)

以上を踏まえると、この文章の話題は「横断歩道のデザイン」であり、「なぜハシゴ型のデザインから縦線が消えたのか」という疑問を中心として、その疑問への解答を示したものだととらえることができます。

段落Aはこの「横断歩道のデザイン」という話題を示したものですから、これを説明した**ア**が正解です。

問2 段落Bでは、まず横断歩道のデザインが変わった経緯を説明しています。ここで説明された事実を踏まえ、最終文では、横断歩道の縦線について「なぜ削除する必要があったのだろうか」という疑問が示されています。したがって、これを説明した**イ**が正解です。

問3 **問1**の解説で見た通り、段落Cの事実を踏まえて、段落Dで疑問への解答を述べ、さらに段落Eで別の解答を述べています。この内容をまとめた**エ**が正解です。

第6ステップ 文章の構成をとらえる

本冊38・39ページ

解答

問1 イ　**問2** ウ　**問3** ア

解説

問1 この文章では、「交番制度」をとりあげています。中でも中心となるのは、段落C以降で述べられる「海外での交番制度」についての内容です。交番制度が輸出されていることや、輸出先での成果について詳しく説明していますから、**イ**が正解です。

問2 各段落の要点をまとめると、次のようになります。

【段落A】 交番には安心感がある。
【段落B】 交番制度は治安維持や住民の利便を図るものだ。
【段落C】 交番制度は海外に輸出されている。
【段落D】 輸出された交番制度は一定の成果を上げている。
【段落E】 交番制度が世界の国々の安全なまちづくりに貢献できるなら誇らしい。

これを見ると、段落Cと段落Dはともに「交番制度の輸出」について、具体的な事例を述べたものとなっています。段落Eは、「交番制度の輸出」に対する筆者の感想が述べられています。したがって、これを説明した**ウ**が正解です。

問3 **問2**で見た通り、段落C・Dはともに中心となる話題を述べたものですから、ひとまとまりの内容としてとらえることができます。段落Aは、「交番」というキーワードを示しており、文章の中心となる話題に入る前の導入部分となっています。段落Bは、中心となる話題を述べるのに必要な知識を説明した部分、段落Eは、「交番制度の輸出」に関して、筆者の思いを示した部分です。段落A・B・Eは、それぞれ別の内容や役割を持った部分なので、A／B／C・D／Eという四つの部分に分ける**ア**が正解です。

第7ステップ 要旨をとらえる

本冊40・41ページ

解答

問1 イ　**問2** ア　**問3** ウ

解説

問1 要約は、その文章の内容を短くまとめたものです。問題文の1行目から2行目の「すれ違った人の〜よみがえった」という部分は具体例ですから、要約のときには省略します。また、この具体例は直後に「こんな経験」とまとめられ、さらにその後、「あるにおいによって記憶が刺激され、何かを思い出すという経験」と、具体例を一般化する形で言い換えられています。したがって、要約の際にはこの部分を抜き出して使えばよいことになります。さらに、「こんな経験」を「案外多くの人がしているようだ」という内容が必要です。これらを、さらに短く表現したものが**イ**ですから、**イ**が正解です。

問2 段落の要点とは、その段落の主旨をとらえたものです。その段落で「何を言いたいのか」を考えるとよいでしょう。

段落Cでは、冒頭で「においは多くの情報を与えてくれる」

と述べています。その後に続く「都市ガスのにおい」「食品のにおい」「潮のにおい」「空気の湿ったにおい」などの記述は、「においが与えてくれる情報」の具体例です。筆者は、こうした具体例を用いて、「においが多くの情報を与えてくれる」という内容をしっかりと読み手に伝えたいのです。したがって、正解は**ア**です。

問3 各段落の要点をまとめると、次のようになります。

【段落A】においによって何かを思い出すという経験がある。

【段落B】においは気分にも作用するなど、記憶や感情に訴えるものだと言える。

【段落C】においは情報を与えてくれるものでもある。

【段落D】においを感じる嗅覚《きゅうかく》が鈍ると、生きる力が衰えることになりはしないか。

段落A・Bでは「記憶や感情に訴える」、段落Cでは「情報を与える」という「においの効能」を伝えています。段落Dは「においを感じる嗅覚と生きる力」について筆者の見解を述べています。「においの効能」は、筆者の見解の前提となっているので、効能と見解をまとめた**ウ**が、この文章の要旨となります。

第4章 手紙文

第1ステップ 手紙に必要な知識

本冊42・43ページ

解答

問1 ウ　**問2** ウ　**問3** イ　**問4** イ　**問5** ア

解説

問1 ①は、時候のあいさつの部分です。日付をみると十一月中旬ですから、**ウ**「晩秋」が適切です。**ア**「初秋」なら九月、**イ**「厳寒」なら一月、**エ**「寒冷」なら十二月に合います。

問2 ②は、時候のあいさつの後にあり、「私は高校生活を……」という自分の安否を知らせるあいさつの前にあります。よって、相手の安否を尋ねる言葉が入りますから、**ウ**が正解です。**ア**はビジネス文書で使われるものです。ここは、高校生がおじさんに書く手紙なので不適切です。**イ**は時候のあいさつに使うものです。**エ**は、親しい相手に対する形式張らない手紙などの冒頭で使われます。

問3 ③は、本文を始めるときの言葉です。起辞と呼ばれるもので、最も一般的なのが**イ**「さて」です。**ア**「それで」、**ウ**「それから」、**エ**「つきましては」は、話題を切り出す言葉ではありません。

問4 ④は末文のところです。④の前に「寒さに向かいます」とあるので、相手の健康を気遣う表現が続くと考えられます。**イ**が正解で、「ご自愛ください」は決まった言い方です。意味は「ご自身の体を大切にしてください」ということです。ほかの**ア**・**ウ**・**エ**はいずれも、前の言葉に続きません。

問5 ⑤は結語です。頭語が「拝啓」なので、それに合わせて**ア**「敬具」が適切です。**イ**「草々」は前文を略した場合に使います。**ウ**「以上」は記書きの終わりに使われますが、結語には使いません。**エ**「啓上」は、頭語として使われます。

第2ステップ 敬語の基本知識

本冊44・45ページ

解答

問1 ① イ ② ウ ③ ア ④ ウ ⑤ ア ⑥ イ

問2 ① 参られる → いらっしゃる／来られる／お越しになる／おいでになる ② ご質問してください → ご質問ください／質問してください
③ ○ ④ ○ ⑤ いただいて → 召し上がって
⑥ ○ ⑦ お電話なさって → お電話して
⑧ お借りになった → お借りした／拝借した
⑨ ○ ⑩ いらっしゃって → いて

解説

問1 ① 「写真を見てくれ」と述べるところです。「見る」のは相手なので、尊敬語の**イ**「ご覧ください」が正解です。**ア**「見ていただきます」は謙譲語なので、「私が相手に見てもらう」場合なら使えますが、この場合は不適切です。なぜなら「写真を送ったので、どうぞ」という文脈なので、これに「私が相手に見てもらう」は続かないからです。**ウ**「お目にかけます」は「見せる」という意味なので、文脈に合いません。**エ**「拝見してください」の「拝見する」は謙譲語なので、相手を低めてしまうことになるため誤りです。

② 相手に「食べてください」と述べる表現です。「食べる」人は相手なので、尊敬語であるべきです。したがって、**ウ**「召し上がって」が正解です。**ア**「いただいて」は謙譲語、**イ**「お食べして」も謙譲語の形式で、どちらも誤りです。**エ**「お召し上がられて」は敬語形式に合っていないので誤りです。

③ 「相手が旅行に行くとき」ですから、「行く」の尊敬語の**ア**「いらっしゃる」が正解です。**イ**「お行きされる」は「お行きする」という謙譲語の形式に尊敬の助動詞「れる」がまじった、ありえない表現です。**ウ**「伺われる」も、同様に、謙譲語「伺う」と尊敬の助動詞「れる」がまじっています。**エ**「参る」は謙譲語ですから、誤りです。

④ お祝いが送られたときのお礼の表現です。**ア**「送ってもらい」、**イ**「送ってくれ」は、どちらも敬語表現ではありません。「もらう」「くれる」という表現は、上下関係を感じさせられますが、表現としては敬語ではありません。「お送りいただき」、「お送りください」にすれば敬語表現になります。ですから、**ウ**が正解です。**エ**「お送りされ」は、謙譲語「お送りする」と尊敬の助動詞「れる」のまじった表現で誤りです。

⑤ 自分の行動として「行く」ことを表すので、謙譲語の**ア**

「伺う」が正解です。**イ**「参られる」は謙譲語「参る」と尊敬の助動詞「れる」のまじった表現で誤りです。**ウ**「行かれる」、**エ**「おいでになる」はどちらも尊敬語なので誤りです。

⑥ 先生に相談するために何かを「言う」という自分の動作が入ります。先生に対しての行動なので謙譲語です。したがって、正解は、「話す」の謙譲語である**イ**「お話しして」です。**ア**「おっしゃって」、**ウ**「お話しなさって」は、どちらも尊敬語なので誤りです。また、**エ**「申されて」は、謙譲語「申す」と尊敬の助動詞「れる」がまじった表現なので誤りです。

問2

① 「参られる」が誤りで、これは、謙譲語「参る」に尊敬の助動詞「れる」がまじっています。ここは、相手の動作なので「来る」の尊敬語にすべきです。よって、「いらっしゃる」「来られる」「お越しになる」「おいでになる」に訂正します。

② 「ご質問してください」は「ご質問する」という謙譲語が入っているので、正しくありません。ここは尊敬語が正しいので、「ご質問ください」や「質問してください」に訂正します。

③ 「ご自愛ください」は正しい尊敬語です。

④ 「お申し込み」の「申す」は謙譲語なので、相手の動作に謙譲語が入っているため間違いだと思われるかもしれません。しかし、この「申し込み」という語は相手の動作に対しても使われ、もはや謙譲語の意識がないと判断されています。よって、「申し込み」を相手の動作に使っても問題はありません。

⑤ 「いただく」は謙譲語です。ここは、「皆様」の行動なので尊敬語にすべきです。「召し上がって」にすると正しくなります。

⑥ 「ごぶさたしており」は謙譲語で、正しい表現です。

⑦ 「お電話なさって」は尊敬語です。しかし、ここで「電話する」のはこちらの行動なので、謙譲語でなければなりません。「お電話して」とすれば正しくなります。

⑧ 「お借りになった」は尊敬語です。傘を借りたのは自分ですから、謙譲語でないといけません。「お借りした」あるいは「拝借した」と訂正します。

⑨ 「おわび申し上げます」は謙譲語なので、正しい表現です。

⑩ 「車が輝いていらっしゃる」が問題です。「いらっしゃる」は尊敬語なので、この場合車を尊敬していることになります。ここは、「輝いている」のようにします。

第3ステップ 文をつなぐ練習

本冊46・47ページ

解答

問1 エ　**問2** ウ　**問3** エ

解説

問1 B・C・Dのいずれかに共通する表現がないかを探します。すると、BとCでは「けがに立ち向かう気持ち」という表現が共通し、CとDでは「励ましの言葉」という語句が共通しています。これらに着目して前後関係を考えます。「けがに立ち向かう気持ち」は、Cで「気持ちがもたらされ」、Bではその気持ちによる結果について書かれています。よって、C→Bだとわかります。同様に、「励ましの言葉」ではD→Cだとわかります。よって、D→C→Bとなり、エが正解です。文脈がつかめたら、最後に全体を通して読んで確認するようにしましょう。

問2 文と文を続けるとき、つなぎの部分をどのように処理するかを考える問題です。A→Bをそのままつなぐと、「全国決勝大会」という語が繰り返されてわずらわしい感じがします。そこで、指示語「その」で置き換えます。BとCの関係は「猛練習に励んだ」ので、「応援に参加してほしい」というものです。つまり、「だから」のような順接の言葉を補いたいところです。ただし、この文章ではCに「皆様には～ご参加くださるようお願い申し上げます」とあるように、目上の人に対する改まった表現があります。それに合わせて「だから」ではなく、改まった「つきましては」が望ましいことになります。

問3 A～Dの文の内容を整理すると、次のようになります。

A　先生が退職する。
B　先生を囲む会を開くことにした。
C　会に参加してほしい。
D　退職を機会に、感謝を述べる会を催したいと考えた。

Aの後に、B・C・Dをどう並べるかを考えてみましょう。問1と同様、共通する語句や表現に着目します。すると、AとDで「退職」、BとDで「会」が見つかります。ですから、A→D→Bが考えられます。そして、Cを読むと、会への参加を呼びかけています。これは最後でよいと考えられますので、順番はA→D→B→Cとなります。ですから、正解はア以外です。

イは、D→Bのつなぎに「そこで」を使っています。これは適切な接続語ですが、三つの文の文末が常体のままです。敬体になっていない点が不適切です。その点、ウ・エは敬体になっています。ウとエの違いは、最初の部分です。ここはAに続くところで、ウの場合「……定年退職なさいます。先生の定年退職を機会に……」となり、「定年退職」が繰り返されることになります。エはそれを「これを機会に」と指示語で言い換えています。したがって、エのほうがより適切と言えます。

第4ステップ　適切な表現・表記

本冊48・49ページ

解答

問1 ①以→意　②○　③前→善　④感→観　⑤問→門　⑥尋→訪　⑦覚→冷　⑧○

問2 ①○　②情→情け　③お話し→お話　④来たる→来る　⑤折り→折　⑥でわ→では　⑦○

問3 ①×・もてなす　②×・同窓会は人が多いほどにぎやかになって盛り上がりますので　③×・お父さん　④○　⑤×・おわかりになれば　⑥○　⑦×・ずいぶんと腕を上げられたなと感心いたしました　⑧×・今後もすばらしい教育を続けられることを期待しています

解説

問1

① 「思っていたことと違う」場合は「意外」です。「以外」は「それを除くほか」という意味です。

② 誤りはありません。ただ、「検討」の「検」は「険」と間違いやすいので注意しましょう。

③ 「善後策」とは「後のことをうまく処理する策」です。「後をよくする」から「善後」です。「前後」は前と後ろです。

④ 「感」は「印象」「感情」を意味し、「観」は「見方」「とらえ方」を意味します。「価値カン」は「価値をどのようにとらえるかという見方」なので「価値観」と書きます。

⑤ 「専門」の「門」は「領域」や「系統」を表すのに用いられ、「問」は「問い」や「疑って問いただす」意味で使われます。間違いやすいので気をつけましょう。

⑥ 「たずねる」という語は、「質問する」場合には「尋ねる」と書き、「訪問する」場合には「訪ねる」と書きます。ここは、名所旧跡を訪れるので「訪ねる」です。

⑦ 「さめる」という語は、眠りや迷いからさめる場合には「覚める」を使い、温度や高ぶった感情が低くなる場合には「冷める」を使います。この場合は「興奮」した感情なので、「冷める」が正解です。

⑧ 「品物をおさめる」ことを「納品」と言います。よって、「納める」は正しい書き方です。

問2

① 「危い」と書くと「あやうい」か「あぶない」かが区別できないので、「危うい」と送ります。正しい書き方です。

② 「なさけ」を「情」と書くと、「ジョウ」と読む場合と区別できません。そこで、「なさけ」は「情け」と書いて区別します。

③ 「はなし」は、名詞の場合は送り仮名なしで、動詞の場合は送り仮名をつけます。「おはなしをする」の場合は、「を」が続いているので名詞です。したがって「お話をする」になります。「おはなしする」は謙譲語の形式「お○○する」で、○○は動詞です。よって、「お話しする」と書きます。ここでは「を」に続くので名詞です。

④ 「きたる文化祭」の「きたる」は、「文化祭」を修飾する連体詞で、「来る」と書きます。

⑤ 「おり」は、名詞の場合は送り仮名なしで、動詞は送り仮名をつけます。ここは名詞なので送り仮名なしです。

⑥ 「では」の「は」は助詞が起源なので、今も「は」を使います。「こんにちは」「こんばんは」と同じです。

⑦ 「一つずつ」「片づける」は正しい仮名遣いです。

問3

① 「もてなす」は、おばさまに対する書き手の行動です。それなのに、敬語形式が使われていません。「おもてなしいたします」のようにすれば正しい表現になります。

② 「同窓会は人が多いほど盛り上がるから、先生も参加してほしい」と言うと、先生の参加は人数を増やすためであって、会いたいからではなくなってしまいます。これは先生に対して失礼です。

③ 自分の親に対して「お父さん」「お母さん」と呼ぶのは、身内での呼び方です。外部の人に言うときは「父」「母」と言うべきです。

④ 不適切な表現はありません。「後輩の私たちを励ます意味で来てほしい」というのは、相手にやや甘えている表現ですが、先輩と後輩の間柄なので、決して失礼にはなりません。

⑤「おわかりになれば」と言われると、「あなたの能力ではわからないかもしれないが」と言われた気がします。つまり、これは相手の能力を問題にしている表現なので、相手に失礼になるのです。この場合は、「おわかりになれば」を省くといいでしょう。

⑥ 不適切な表現はありません。「申す」が謙譲語なので、「父が弟に申す」は、父が弟に対してへりくだることになって間違いと考えるかもしれません。しかし、この「申す」は、書き手が読み手に敬意を表すために使っているものであり、父の弟に対する敬意を表すものではありません。よって、正しい表現です。

⑦「ずいぶんと腕を上げられたなと感心いたしました」は、相手を評価している表現です。日本語では、目上の人に対して評価をするのは好ましくありません。いわゆる「上から目線」の物言いになってしまい、先輩に対して失礼です。

⑧「今後もすばらしい教育を続けられることを期待しています」も、⑦と同様、失礼です。特に「期待しています」という表現は、完全に「上から目線」の立場になっています。このことを言いたいのなら、「今後もすばらしい教育を続けてくださることをお願い申し上げます」などと、下からの目線で書くのがよいでしょう。

第5ステップ　手紙文を推敲《すいこう》する

本冊50・51ページ

解答

問1　召 → 招

問2　お引き受けしてください → お引き受けください

問3　私もよ

解説

問1　「お招き」の「招」が「召」になっています。形の似た漢字の間違いは見落としやすいので気をつけましょう。

問2　「お引き受けしてください」には、「お引き受けする」という謙譲語の形式がまじっています。へりくだって引き受けることを読み手に求めているようで失礼です。ここは尊敬語にすべきですから、「お引き受けください」とします。

問3　先輩の小説に「よく書けていると思いました」というのはとても失礼です。相手は先輩で小説家なのに、このように述べるのは、いわゆる「上から目線」の言い方です。書くなら「私もとても感動しました」と素直な感想として書くべきでしょう。

解答例

問4　今年は土曜日の午後に、創立百周年記念イベントが予定されています。そのイベントの特別ゲストとして田中様にお越しいただきたいのです。そして、約一時間の講演をお願いしたいと考えております。

解説

問4 メモ書きの三つの内容を、順序を考えて手紙の空欄に合うように書き直す問題です。次に、説明のために番号をつけたメモ書きを示します。

① 創立百周年記念イベントの特別ゲストとして田中さんに来てほしい。

② 約一時間の講演をお願いしたいと考えている。

③ 今年は土曜日の午後に、創立百周年記念イベントが予定されている。

まず、順序を考えましょう。そのために、空欄の前の内容にも注意します。空欄の前には「文化祭の日程」が書かれています。それに続くのは③です。また、③の「創立百周年記念イベント」という語は①にもあります。そこで、③→①と考えられます。よって、③→①→②が候補になります。続けて読むと、順序はこれでよさそうです。

次に、メモ書きは常体ですが、手紙は敬体なので、全体を敬体にします。そして、敬称も含めて敬語表現に注意して書き換えます。すると、次のようになります。

今年は土曜日の午後に、創立百周年記念イベントが予定されています。創立百周年記念イベントの特別ゲストとして田中様にお越しいただきたいのです。約一時間の講演をお願いしたいと考えております。

最後に、文と文のつなぎに注意します。「創立百周年記念イベント」が連続して繰り返されていますので、指示語を使って整えましょう。第二文と第三文のつなぎにも注意しましょう。

第5章 論説文

第1ステップ 論説文の構成を理解する

本冊52・53ページ

解答

問1 エ　**問2** イ

解説

問1 Aは「～をしているとよい」と言い切っていますので「意見」です。Bは、妹が小学校で飼育係をした話を述べていますので「事実」です。Cは、動物飼育をするとどのようないいことがあるかを述べています。これはAの、小さいときに動物飼育をするとよいという意見の「理由」になっています。Dは、反対の立場からの意見を提示して、それに反論しています。「自分とは異なる意見とそれに対する反論」です。適切な順序である「事実」→「意見」→「理由」→「自分とは異なる意見とそれに対する反論」の順に並べると、B→A→C→Dとなるので、エが正解です。

問2 アでは、1で経験した事実を述べ、2で「本はいつでも使えるように買って持っている必要がある」と意見を述べています。3では、「買わないで借りるほうがよい」とする立場からの意見を紹介して、それを否定しています。そして、4で「買うほうがよい」という意見をまとめて述べています。

イでは、1で経験した事実を述べ、2では、それに基づいて

「電話より手紙がよい」とする意見を述べています。3では意見の理由を述べ、4では、自分とは反対の「電話がよい」とする意見を示し、それに反論を加えています。**イ**が正解です。

第2ステップ　論説文の事実を考える　本冊54・55ページ

解答
問1 オ　**問2** （略）　**問3** ア・エ

解説

問1 事実は、それを読んでから次の意見を読んだときに、納得できるものがよいのです。**ア**～**オ**を読み比べてください。

アで、「見かけた」「怖かった」は事実ですが、「どのような責任を問われるのだろうか」は疑問であり、事実ではありません。**イ**も**オ**もほとんど同じ事実を述べていますが、**オ**のほうが詳しくて具体的です。具体的な事実を読んだ後で意見を読むほうが、実感を伴って納得できます。よって**オ**が正解です。**ウ**は「危険なのでやめるべきだ」と理由と意見が述べられています。**エ**は事実ではありますが、伝聞が含まれているために、事実の重みが弱くなっています。

問2 意見が「他人の好意は素直に受けるのがよい」ですから、「他人の好意を素直に受けてよかった事実」、または「他人の好意に対して遠慮してしまって、損をしたりまずいことが起こったりした事実」を考えるとよいでしょう。

また、自分が「好意でだれかに親切にしてあげようとした」立場からの経験も有効です。さらに言えば、自分自身が経験したのではなく、ほかから見聞きした事実でもかまいません。

問3 意見を支えて、読む人に納得してもらうことが大切です。ですから、**ア**の「意見の立場が納得できるように」は正解の一つです。さらに、読む人に心からわかってもらうには具体的に書くことも大切です。よって、**エ**も正解です。

第3ステップ　理由の述べ方のポイント　本冊56・57ページ

解答
問1 ウ　**問2** エ

解説

問1 **ア** 再生紙が使われているという「事実」、再生紙でも十分使えるという「理由」、再生紙を利用しようという「意見」の三つが含まれてしまっています。

イ 「再生紙を使うと地球を温暖化から守れると言われている」というだけなので、理由の説明になっていません。

ウ 「再生紙は森林伐採が不要なので、二酸化炭素が増えず地球温暖化を防ぐ効果がある」と、意見の根拠を述べています。これが正解です。

エ 「地球温暖化を防ぐには紙の節約が効果的だ」と述べていて、「再生紙を利用する」ことから離れています。

問2 「事実」と「意見」に合致する「理由」を考える問題です。「事実」は「友人にお金を貸したが返してもらえず、付き合いをやめた」で、意見は「友人間での金の貸し借りはしないほうがよい」です。

ア　友人間の金の貸し借りから事件が起こったという話題をテレビで見たという「事実」が述べられています。「理由」にはなっていないので不適切です。

イ　お金を友人に貸すのと、家族に貸すのとを比較しています。しかし、問題は友人間での貸し借りなので、家族の場合とは違うと言っても「理由」になりません。よって、不適切です。

ウ　一般論として、貸す側と借りる側の意識の違いを述べています。しかし、友人という要素は全くありません。また「事実」との関連も見られません。よって、不適切です。

エ　友人間での金の貸し借りの際に、甘えと不信感が生まれ、それが友人関係を壊すことになると説明しています。「事実」とも関連した説明になっており、これが正解です。

第4ステップ　異なる意見とそれに対する反論　本冊58・59ページ

解答

問1　イ　問2　ウ

解説

問1

ア　異なる意見は「マニュアル方式が客に公平感を与えるからよい」です。それに対して、反論は「同時にそれは、冷たい感じがする」と述べています。しかし、「同時にそれは」と言うことは、「公平感を与えるからよい」を肯定していることになって、反論が成立していません。反論するためには、「客に公平感を与えていない」とか、「公平感を与えることには問題がある」といった視点から述べるべきです。

イ　異なる意見は「マニュアルを改善すればよいから」です。それに対して「改善するという考え方自体が、私と同じく、マニュアルを否定する立場だ」と反論しています。異なる意見に対する反論になっているので適切です。

ウ　異なる意見は「それでもやはりあったほうがよいという意見もある」です。特に理由のない意見です。それに対して、反論も「事実」の経験を持ち出して、「やはりないほうがよい」と述べているだけです。異なる意見も反論も、主観的な主張を述べているだけで論理的な説明がありません。

問2

異なる意見の骨子は「優先席がないと、みんなが席を譲らなくなるから、優先席は必要だ」です。これに対する適切な反論はどれかという問題です。

ア　「優先席があってもなくても席は譲れるから、優先席は必要ない」と述べています。これは「ないと譲らなくなる」という異なる意見とずれてしまっていて、反論とは言えません。

イ　「優先席があると譲らなくなり、優先席がないほうが譲る精神が養われる」は、「理由」と同じ内容です。「理由」で述べたことを繰り返しているだけで反論になっていません。

ウ　「優先席がなくてもみんなが譲るようにすればよいので」と述べて、異なる意見の「優先席がないとみんなが譲らなくなってしまう」という主張を否定しています。異なる意見に対する反論になっているので適切です。

第5ステップ　論説文を書く手順　本冊60〜65ページ

解答

問A〜I　（略）

解説

問A　テーマ「漫画がテレビドラマ化されたものは、原作を読んでから見るほうがよい」について、自分は賛成か反対かを考えます。そして、意見が決まっているなら、その理由も考えます。

理由があるかどうかをチェックする方法は、自分が考える理由を声に出して言ってみるか、メモとして文字にしてみることです。そのとき、まとまった言葉になった場合、あるいは、まとまった短文ができた場合は、理由があると考えて大丈夫です。しかし、うまくまとまらなかった場合は、自分では理由はあると思っているけれど、本当ははっきりしていない場合です。そのときは、「理由はない」を選ぶといいでしょう。

以上をもとに、①〜③のうちから選んで、指示された問いに移動してください。

問B　意見を決めるために、「漫画がテレビドラマ化されたものを、原作を読んでから見ること」の長所、短所を箇条書きにして書き出します。

「原作を読んでいるとどんな長所があるか、どんな短所があるか」「原作を読んでから見るのと、読まずに見るのと何が変わってくるか」などと考えると、いろいろ出てくるでしょう。

箇条書きがある程度集まったら、あるいは、考えているうちに意見が決まってきたら、**問C**へ行きます。**問B**を読み返して、意見と関係のありそうなヒントがないか探してください。

問C　それで意見が決まったら、**問C**のわくの（　）に「賛成」か「反対」かを書き込み、さらに理由まで考えられるかどうかをチェックします。理由の有無のチェックの仕方は、**問A**に書いた解説と同じ方法をとってください。その結果で、指示された**問F**か**問D**に進んでください。

もし、**問B**の箇条書きを読んでも意見が決まらなかったら、それは**問B**の箇条書きの数が少ないからです。もう一度**問B**に戻って追加する形でやり直してください。

問D　これは、意見は決まっているが、理由がはっきりしない段階に行うものです。ここでは、意見の理由になりそうなことを箇条書きで書き出します。

理由ですから、原作を読んでから見ることに賛成の場合は、

・原作を読んでから見ると、こんなよいことがある。
・原作を読まずに見ると、こんな点がよくない。

という問題を考えます。逆に、原作を読んでから見ることに反対の人は、

・原作を読んでから見ると、こんな点がよくない。
・原作を読まずに見ると、こんなよいことがある。

という問題を考えます。

ある程度書き出せたら、あるいは、いい理由が考え出せたと思ったら、**問E**に進んでください。

問E　**問D**の箇条書きの中で、理由として説明しやすいものに○を

つけます。このとき注意すべきことは、その理由が特殊でないものを選ぶことです。例えば、ある漫画の場合だけにあてはまる理由だとか、小学生の場合だけに通用する理由では不十分です。テーマの「漫画がテレビドラマ化されたものを、原作を読んでから見ること」の全体にあてはまる一般的な理由がよいのです。そういうものを選んで、**問F**に進みます。

問F ここは、意見が決まり、理由も考え出せている段階です。そこで、意見、理由にふさわしい事実（経験や知識）を探し出します。ブレーン・ストーミングで箇条書きにして書き出します。

ある程度書き出せたら、あるいは、いい事実が思い出せたら、**問G**に進んでください。

問G **問F**の箇条書きの中で、意見を支えられる事実を選んで○をつけてください。意見を支えられるというのは、その事実を読んだら、読んだ人が筆者の意見を予測できることを意味します。つまり、事実から筆者の言いたいことがわかるということです。

問H ここまでに考えたことを整理します。アウトラインのⅠ・Ⅱ・Ⅲの部分を書き込んで、**問I**に進んでください。

問I (1)では、自分の意見と反対の立場からの意見を考えます。そのとき、理由つきで反対の意見を考えてください。仮に、自分の意見が「原作を読んでから見るほうがよい」に賛成の場合で考えてみましょう。その場合、異なる意見は、反対（読んでから見るのはよくない）という意見になります。それを、理由つきで書き出します。例えば、

・あらすじがわかってしまってドラマを楽しめないから、原作を読まないで見るほうがよい。

・ドラマの主人公の俳優が、原作でのイメージと異なっていると違和感を覚えるので、原作を読まないほうがよい。

というようにします。

(2)では、箇条書きに書き出したものについて、それぞれ反論できるかどうかをチェックします。反論できる項目が見つかったら、それを**問H**の空欄**A**に転記し、反論を**B**に書き込みます。

これによって、**問H**のアウトラインが完成します。これで、このステップは終わりです。次の第6ステップでは、このアウトラインをもとに文章化します。

第6ステップ 論説文を書く

本冊66・67ページ

解答

問 （【作成例】を参照）

【作成例1】

あるテレビドラマの評価について、友達と意見が分かれた。そのドラマは、漫画をドラマ化したものだった。私は原作を読んでいたためか、漫画通りの展開でストーリーもわかりやすく、十分に楽しめた。しかし、原作を読んでいなかった友達は、つまらなかったと言う。ストーリー展開が粗っぽくて、現実的でない印象を持ったというのだ。

漫画のテレビドラマ化はしばしば行われている。その

ようなドラマを見るときは、原作の漫画を読んでおくほうがよい。

　テレビドラマは、単発なら二時間とか、連続ものなら十二時間ぐらいに収めなければならない。原作の漫画をコンパクトにまとめることになる。すると、ストーリーに直接関係のないエピソードは省略されるし、細かな部分は変更されることになる。原作を読んでいれば、省略された部分を無意識に補って理解できるので、何の問題もない。しかし、読んでいなければ、ちょっとした不自然さが気になってドラマを楽しめなくなってしまう。

　原作を読んでからドラマを見ると、自分が思い描いたイメージと異なって違和感が生じるから、読まないほうがよいという意見もある。しかし、自分のイメージと違っているなら、その違いを楽しめばよい。脚色や演出によって、原作といかに違うか、その違いを確認するのも、ドラマの一つの楽しみ方だ。それは原作を読んでいないとできないことである。自分のイメージと違うというだけでよくないと決めつけるのは間違っている。

（25字×26行）


【作成例2】

　私が愛読していた漫画がテレビドラマ化されるというので、とても楽しみにしてその番組を見た。見た後、不愉快な気分になった。主人公のイメージは違うし、私の思い描いていた原作の雰囲気は全くなく、おもしろくなかった。ストーリーもわかっているので、途中でその後の展開を予測して楽しむということもできなかった。こんなことなら、漫画を読まないで見たほうがよかったと思った。

　漫画が原作のテレビドラマを見る場合、前もって原作を読まないほうがよい。

　原作を知らなければ、白紙の状態でドラマの世界に入っていける。話の展開に合わせて心を躍らせたり感動したりすることができる。前もって原作を読んでいたら、そうしたドキドキ感や感動は薄れてしまう。それどころか、自分が原作から思い描いていたイメージと違うことで、がっかりしてしまうことも起こる。

　テレビドラマ化されると、部分的な省略や変更が行われ、原作と違うようになるから、本来の原作の世界を味わうには、原作をあらかじめ読んでから見るほうがよいという人もいる。しかし、テレビドラマは、漫画を単にドラマの形式に置き換えたものではない。ドラマとして楽しめるように作られた、原作とは異なる別物のはずだ。そう考えると、ドラマで原作を味わおうとする考え方が間違っている。ドラマはドラマとして楽しむべきで、それには、原作にとらわれないように、前もって原作を読まないほうがよい。

（25字×26行）

解説

問「漫画がテレビドラマ化されたものを、原作を読んでから見ること」について、**【作成例1】**は賛成の立場で、**【作成例2】**は反対の立場で書かれたものです。もちろん、どちらの立場で書いても問題はありません。

大切なことは、第一段落で「事実」、第二段落で「意見」、第三段落で「理由」、第四段落で「異なる意見とそれに対する反論」を書いているということです。そして、事実の内容が意見に合っていること、理由が意見の正しさを説明していること、異なる意見に対しては論理的に反論ができていることが必要です。

書き上げたものを評価するときは、次のことをチェックしてください。


*行数が不足したりオーバーしたりしていないか。

*文章構成が条件通り「事実」「意見」「理由」「異なる意見とそれに対する反論」という順番で、四段落になっているか。

*意見が明確に述べられているか。

*事実（経験や知識）は具体的に述べられ、意見を支えるものであるか。

*意見の理由・正しさの説明が論理的に述べられているか。

*異なる意見は反対の立場からのもので、反論は異なる意見を否定できているか。

*敬体と常体がまじっていないか。

*誤字・脱字はないか。

*文法的な誤りやおかしな表現はないか。

準2級 **まとめ問題**

第1問 本冊68・69ページ

解答

問1　1 エ　2 イ　3 イ
問2　1 エ　2 ウ　3 ア

解説

問1　1　「気宇壮大」は、「構想や志が大きく、立派であること」ですから、自然の様子を表す**イ**は誤りです。また、**ア**のような文脈にこの意味は合いませんから、**ア**は不適切です。**ア**のような人物を表す場合は「懐が広い」という慣用句が適切です。**ウ**は、意味の上では合っていますが、「気宇壮大する」という言い方はしません。したがって、**エ**が正解です。

2　「金科玉条」は「絶対的なよりどころとして守るべき基準」のことです。この意味で用いられているのは**イ**と**エ**ですが「金科玉条する」というサ変動詞の用法はありませんから、**イ**が正解です。**ア**は「値千金」の意味に、**ウ**は「格言・名言」の意味に「金科玉条」を用いているため、誤りです。

3　「一も二もなく」は「相手の言うことに文句をつけるまでもなく、無条件に受け入れる様子」を表します。**ア・ウ・エ**はいずれも「相手の言うことを受け入れる」文脈ではありませんから、**イ**が正解です。**ア**は「早くも」、**ウ**は「言うまでもなく」などを用いるべきでしょう。**エ**は「悩んだ末」のことなので「無条件に」という意味からも外れています。

問2　1　「映画に見に行く」の部分で、助詞が間違っています。「見に行く」対象を表すには「映画を」とすべきなので、**エ**が正解です。**ア**の格助詞「が」は、部分の主語を表しているので間違いにはなりません。**イ**の接続助詞「が」は、前置きの意味でも用いられるため、相反する内容をつなぐ逆接でなくとも用いることができます。**ウ**の「雨なら」は、「雨であったならば」という仮定の形ですから、正しい用法です。

2　主語の「申し上げたいのは」に対して、述語が「できました」で終わっていて、主述が対応していません。述語を「できたということです」と訂正すべきですから、正解は**ウ**です。**ア**は、「ここ」が別々の内容を示していても問題ありません。**イ**の「こそ」は、「あって」という形を受けることができます。「あってこそ」は間違いではありません。**エ**は**ウ**と似ていますが、この文において、主語は省略されていても問題ありません。たとえ、「大きくすることができました」の主語として「私は（私どもは）」を加えたとしても、「申し上げたいのは—できました」という主述の対応は不適切なままです。したがって**エ**は不正解です。

3　「強く風雨」の部分が不自然です。「強く」は「強い」の連用形（用言を修飾する形）で「風雨」を修飾していますが、「風雨」は体言ですから、「強い」は連体形にしなくてはなりません。よって、**ア**が正解です。**イ**「ため」は利益がない場合の「原因・理由」にも使いますので、間違いではありません。**ウ**は、昨日のことであっても「間もない」ととらえることができるので、「ばかり」を用いても誤りではありません。**エ**の「トマトの苗も」は、「も」を用いることで、ほかにも倒れたものがあることを示唆する表現です。

第2問

本冊70・71ページ

解答
問1 イ　問2 ア　問3 エ

解説

問1 ①の後の内容を見ると、「値段が、買う人と買わない人の購買意欲を左右する」という考察が述べられています。この考察のもとになる事実は、「買う（購買意欲がある）人と買わない（購買意欲がない）人の間で、値段の評価が異なっている」ということですから、**イ**が正解です。また、図で最も目立つ特徴も「値段の評価が大きく異なっている」ことです。図の特徴的な部分をとりあげるのは、資料を分析する上での常道です。

問2 ②の直前で述べられている「社内評価とモニター参加者の評価の差」とは、「社内での評価は高いが、モニター参加者の評価は低い」ということです。これが意味するのは、「社内では使い勝手がよいと思われているが、モニター参加者には悪いと思われている」ということになりますから、この内容を示した**ア**が正解です。**ウ**は正しく図を読み取った内容ですが、「社内の評価との食い違い」について述べる文脈に合わないため、この問題では不適切です。

問3 この文章では、開発中の商品について、モニター調査の結果が示されています。さらに、その結果に基づいて商品に見合った値段かどうかが購買意欲を左右すること、「使い勝手」に対する評価の低さが問題になることが考察されています。問題文では、この考察を踏まえた上で、今後どのように改良すればよいかが提案されていることに注目してください。調査結果と結果への考察は、この提案の根拠となっているのです。したがって、この文章の目的は「改良への提案」と考えられますから、この内容を述べた**エ**が正解です。

アは、結果の考察までしか着目しておらず、本文全体の内容をとらえきれていません。**イ**も、結果の考察について、その一部分をとりあげただけとなっています。**ウ**の「商品に対する社内の評価を改めるよう訴える」という部分は、本文には述べられていない内容です。本文で述べられているのは「どう改良すべきか」の提案であって、「評価を改めるべきだ」という主張ではありません。

第3問

本冊72・73ページ

解答
問1 ウ　問2 ア　問3 ウ

解説

問1 段落Bは「復興に二つの流れがあること」を述べています。

段落Cは、この二つの流れについて、具体例を挙げて説明したものです。また、段落Eでも「二つの流れを両輪として」ほしい、という筆者の見解が示されています。これらから、この文章は「復興の二つの流れ」を中心に書かれたものだと言えます。したがって、段落Bは、文章の中心的な話題を示す、という役割を持っていることになります。正解は**ウ**です。

問2 正解は**ア**です。段落Dでは、「技術を進歩させてきた人間が、自然を克服しようとするのは正しい」という見方と、「一方で、日本人には昔から育んだ共存の精神がある」という事実を説明しています。段落Eは、復興について「技術の進歩に基づいて自然を克服する」流れとともに、「日本人の精神風土に基づいて自然と共存する」流れの二つを求める筆者の見解が示されています。この見解は、段落Dの内容を踏まえたものですから、段落Dが段落Eの前提となっていると言えます。

問3 正解は**ウ**です。傍線部の「自然と寄り添って生きていく」という部分は、波線部③の「共存の考え方」に当たり、傍線部の「古くからの精神風土」は、波線部③で説明された「自然の中に神を見いだし、自然を畏《おそ》れ敬いながらその恩恵に感謝する」という考え方に相当します。

第4問　本冊74・75ページ

解答

問1
1 承 → 詳
2 召し上がり → いただき／頂戴《ちょうだい》し
3 公演は

解説

問1 **1** 「詳細」は「詳しく細かいこと」という意味です。

2 「召し上がり」が誤りの部分です。「召し上がる」は尊敬語ですから、相手の「食べる」動作に対して用いるものであり、自分たちが「食べる」ときには使いません。ここは謙譲語の「いただく」「頂戴する」を用いるべきです。

3 「甘いお菓子はよい差し入れだったと思います」という部分が失礼に当たります。敬意を払うべき相手の行為について、「よい差し入れだった」と評価を下しているためです。いわゆる「上から目線」で相手に対して失礼になるため、こうした内容を述べるのは避けるべきです。

解答例

問2　私たちは次回の定例公演に向けて練習を始めました。まだ脚本ができあがっていないので、基礎的な練習ばかりですが、どのメンバーも熱心に取り組んでおります。こうして頑張れるのは、応援してくださる方がいらっしゃるからだと感じております。

解説

問2　メモの項目を右から順に①②③とすると、②→③→①で述べるのが適切だと考えられます。①は③の内容を踏まえたものであり、その③は、「定例公演に向けての練習」という②の内容に説明を加えたものだからです。

この順序が決まれば、順序通りに文章をまとめていきます。その際には、まず「〜こと。」という体言止めのメモの形を、「〜だ。」「〜する。」といった述語で終わる形に直すことが必要です。次に、手紙文であることを考慮すると、「敬体に統一する」「適切な敬語表現を用いる」、自然な文章表現として「文と文のつなぎを意識する」などして、表現を整えることも必要です。

この問題の場合、①の「人がいる」は、敬語表現にしておきたいところです。解答例では「方がいらっしゃる」としています。また、③の「取り組んでいる」は、謙譲語を使って「取り組んでおります」とすると、より丁寧な表現となります。①の「基礎的な練習ばかりだが、熱心に取り組んで」という部分は、③の内容と重複しますから、不自然な重複を避ける工夫が必要です。解答例のように、指示語を用いて短く表現するとよいでしょう。

書き上げたものを評価するときは、次のことをチェックしてください。

＊行数が不足したりオーバーしたりしていないか。
＊メモの内容をすべて書いているか。
＊適切な順序で書かれているか。
＊体言止めを適切な文末表現に直しているか。
＊適切な敬語表現に直しているか。
＊敬体で書いてあるか。
＊文と文のつなぎの処理をしているか。
＊誤字・脱字はないか。
＊文法的な誤りやおかしな表現はないか。

解答

(【作成例】を参照)

【作成例1】

　数年前の誕生日に、アルバイト先の仲間からネックレスをもらった。プレゼントには、仲間が書いてくれたメッセージカードも添えられていた。私は今もそのカードを机の上に飾って、仲間の厚意に感謝している。ただ、ネックレスのほうは、私の好みと全く違っており、この先使いそうにもない品だったので、友人にあげた。友人はそのネックレスを気に入り、今も大切に使ってくれている。

　もらったプレゼントを人にあげることには、非難の声があるかもしれない。だが、自分の好みでない品物をもらったときには、他の人にあげてもよいと思う。

　プレゼントは、もらった時点で自分のものだ。それを自分で使おうと、人にあげようと、それはもらった人の自由だと言える。アクセサリーや文房具、食品やインテリアなど、プレゼントでもらう品は、使ってこそ価値があるものだ。好みでないからと言って使わずにいるよりも、それを使ってくれる人の手に渡すほうが、その品物を有効に活用することになる。

　プレゼントは相手の気持ちがこもったものだから、それを他の人にあげるのは、相手に対して失礼だという意見もある。だが、相手が選んでくれた品物を使わずにしまい込んでいるほうが、かえって相手に失礼になると考えられる。大切なのは、相手の気持ちに感謝することで、品物を愛用することではない。品物が手元になくとも、気持ちを大切にすることはできる。品物を人にあげても失礼には当たらないはずだ。

(25字×26行)

【作成例2】

　先月、高校の入学祝いとして、おじから財布をもらった。とても立派な財布で、一目見てよいものだとわかる品物だ。だが、困ったことに私の好みではなく、使わないまま引き出しにしまってある。それを知った弟が「使わないなら自分にくれ。」と言ってくるが、そのつもりはない。引き出しを開けて財布が目に入るたびに、おじへの感謝の気持ちがわき、こんなお祝いをしてもらったのだから、高校生活を頑張ろうという気持ちになれるからだ。

　このように、プレゼントとしてもらった品物が、自分の好みでない場合がある。だが、プレゼントはプレゼントだ。どんなときでも、人にあげるべきではない。

　プレゼントには、お祝いやお礼の気持ちがこもっている。それを人にあげるのは、そこに込められたお祝いやお礼の気持ちまで、不要なものだと言って渡してしまうようなものだ。それは、プレゼントをくれた人に対して失礼な行為となる。

　好みでない品物は、使う気になれない。使わないまましまっておくより、それを使ってくれる人にあげたほうが、品物が無駄にならないという人もいる。だが、好みは変わることがあり、いずれ使うことになる可能性はある。また、使わないままでも、その品物が手元にあれば、それを贈ってくれた人のことや、そこに込められた気持ちを思い出すきっかけになり、感謝の思いを新たにすることができる。好みでない品物をしまっておいても、決して無駄にはならないのだ。

（25字×26行）

解説

　プレゼントとして、自分の好みではない品物をもらったとき、「他の人にあげてもいい」か「他の人にあげるべきではない」かについて、**【作成例1】**は前者の立場で、**【作成例2】**は後者の立場で書かれたものです。もちろん、どちらの立場で書いても構いません。

　大切なことは、第一段落で事実、第二段落で意見、第三段落で理由を書いているということです。ここまでで、事実の内容が意見に合っていること、理由が意見の正しさを説明していることが必要です。さらに第四段落では、自分とは異なる意見をとりあげ、その意見に反論していることが必要です。自分とは異なる意見として、このように言うことが予想されるが、その意見は必ずしも正しくない、という形式で説明してください。


書き上げたものを評価するときは、次のことをチェックしてください。
＊行数が不足したりオーバーしたりしていないか。
＊文章構成が条件通り「事実」「意見」「理由」「異なる意見とそれに対する反論」という順番で、四段落になっているか。
＊意見が明確に述べられているか。
＊事実（経験や知識）は具体的に述べられ、意見を支えるものであるか。
＊意見の理由・正しさの説明が論理的に述べられているか。
＊異なる意見は反対の立場からのもので、反論は異なる意見を否定できているか。
＊敬体と常体がまじっていないか。
＊誤字・脱字はないか。
＊文法的な誤りやおかしな表現はないか。